JN261220

聖地アッシジの対話

聖フランチェスコと
明恵上人

河合隼雄
ヨゼフ・ピタウ

藤原書店

聖地アッシジの対話——目　次

第I部　聖フランチェスコと明恵上人

2　カトリックの新しい風——聖フランチェスコ　ヨゼフ・ピタウ

3　戦争の時代のなかで　河合隼雄　ヨゼフ・ピタウ

第Ⅱ部　今、宗教と平和について考える

河合隼雄
ヨゼフ・ピタウ

1　宗教間の対話と協力のために

2　宗教から倫理へ

（二〇〇三年十月二十六日、聖フランチェスコ大聖堂前のホテル・スバシオにて収録）

Photo by Ichige Minoru

聖地アッシジの対話

聖フランチェスコと明恵上人

聖地アッシジ

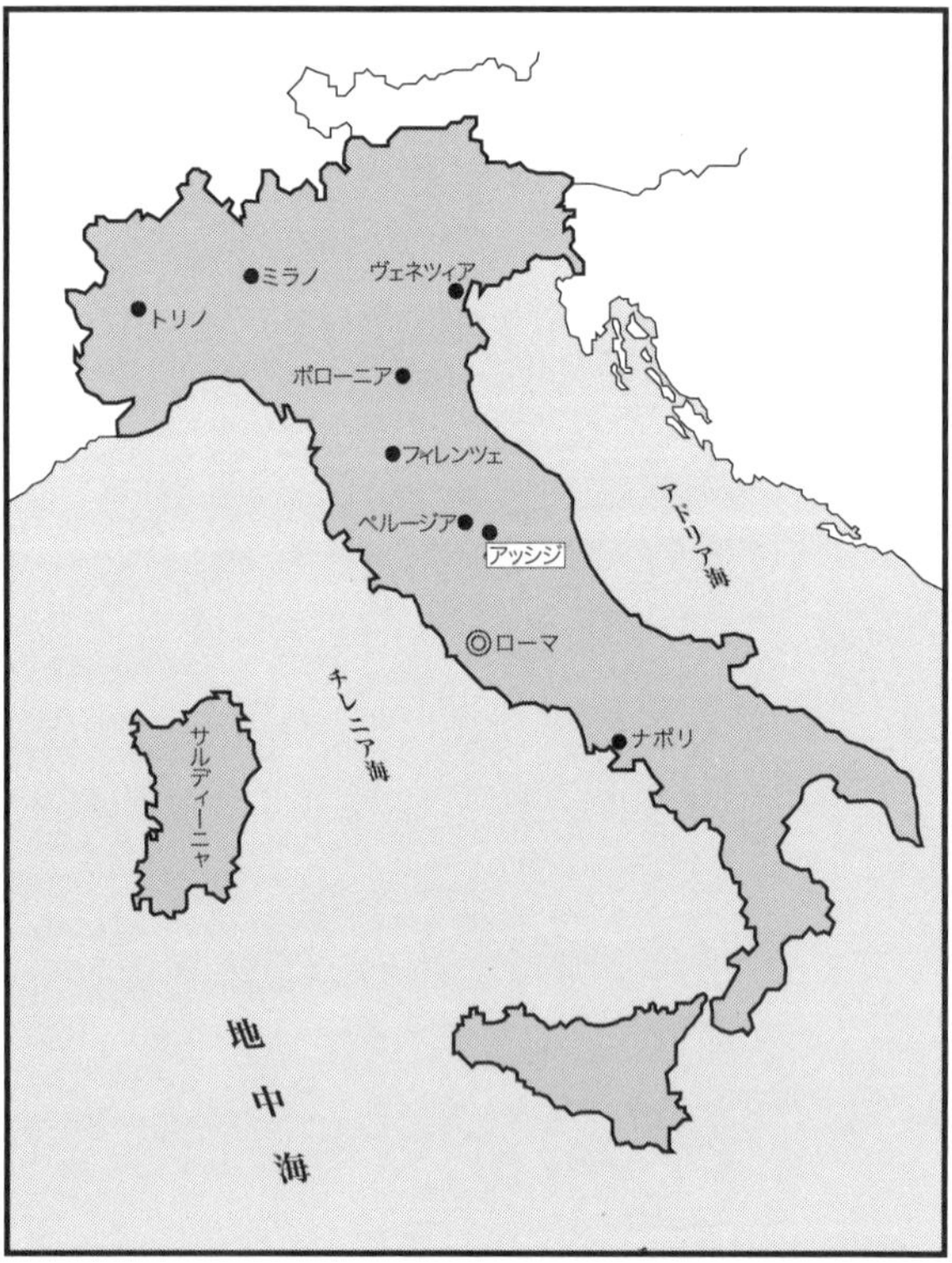

ウンブリア州都ペルージアにほど近い、スバシオ山中腹の小都市。聖フランチェスコの遺体が安置された聖フランチェスコ大聖堂、聖女クララが眠る聖クララ教会をはじめ、数々の聖フランチェスコゆかりの教会や遺物がある。
カトリックの聖地であるが、1986年に教皇ヨハネ・パウロ二世が、全世界の宗教の代表者を招いて平和のための対話を行うなど、諸宗教を超えた聖地として、世界中から足を運ぶ人が跡を絶たない。

はじめに

河合隼雄

本書は、ヨゼフ・ピタウ大司教様と私との対談を基にして成立したものである。私にとってはまったく思いがけない幸運な機会に恵まれ、有難く感謝しているが、どうしてこのような機会に恵まれたのかを、はじめに紹介しておきたい。

本文にもあるとおり、私は鎌倉時代の名僧、明恵の『夢記《ゆめのき》』に惹かれ、書物さえ書いたのだが、その明恵と聖フランチェスコの類似性を指摘する人があった。そこで、聖フランチェスコの伝記などを読み、なるほどと思うことも多かったが、本格的に取り組んで一書を書くほどには熟していなかった。

ところで、私の『明恵　夢を生きる』を読んでインスパイアされ、日本舞踊家の西川千麗さんが、「阿留辺幾夜宇和《あるべきようは》」という舞踊を創作された。公演を見せていただいて私は深く感動したが、「これを、アッシジの聖フランチェスコ教会で踊られると素晴らしいことでしょう」と半ば独り言のように千麗さんに申しあげた。もちろん、私としては実現の可能性をほとんど考えずに言ったのだったが、何と、千麗さんは、それを実現されることになった（本書三八頁参照）。その経緯も興味深いが省略するとして、千麗さんのアッシジでの公演に私も参加し、明恵についての解説を語ることになった。その機会をとらえ、藤原書店の藤原良雄社長のアレンジでこの対談が実現することになった。

ピタウ大司教様は日本に長く居られた方だが、当時はヴァチカン内の要職についておられ、このような対談が可能になったことが何だか奇跡のような気さえする。内容は本文を見ていただくとわかるとおりだが、何しろ日本語で対談できたのも有難く、明恵と聖フランチェスコのことのみならず、宗教と平和ということについても話し合えたことは非常に嬉しいことであった。

私がかねがね考えている、日本人は西洋近代に生まれた個人主義を取り入れようとしているが、キリスト教の倫理観を抜きにしてしまって利己主義になるおそれがある、という点で、日本のこともよく御存知のピタウ大司教様と、つっこんだお話ができて有難いことであった。この問題は、日本人がよほど真剣に考えねばならないことである、と思っている。

世界中に異なった宗教を信じる人がいて、その人たちが平和に共存していくためにはどうすればいいのか。この難しい問題に関しても、極めて率直な話し合いをすることができた。これらを参考に、日本の皆様が、平和や宗教ということに対する考えを深めて下さると、まことに幸いである。

このような対談を実現して下さった、藤原書店の社長をはじめ関係者の皆様、そして何よりも、多忙ななかで、わざわざアッシジまで対談にきて下さった、ピタウ大司教様、および、対談に必要なアレンジをして下さった、ヴァチカンの川下勝神父様に心から感謝申しあげたい。

Photo by Ichige Minoru

明恵上人の生涯

生い立ちと高雄での修学時代

明恵房高弁《みょうえぼうこうべん》は鎌倉時代の名僧である。一一七三（承安三）年に生まれ、一二三二（貞永元）年に六十歳で没した。旧仏教の華厳宗に立つ明恵は、同時代の法然、親鸞、道元ら新仏教の始祖たちに比べ、目立たぬ感を与える。だが彼の体現した宗教的境地の深さと広さにはただならぬものがある。それは今日のわれわれに、新たな光明を届けている。

明恵は、紀伊国有田郡石垣庄吉原村に生まれた。父は平重国、母は湯浅宗重の娘であった。共に武家の血統である。幼名は薬師と名付けられた。

しかし八歳の時、母が没する。かつ同年、父が上総に参戦し討死する。明恵は母の妹に引き取られ、崎山氏に養育される。九歳の八月、母方の叔父に当たる高雄の真言宗の僧・上覚（一一四七〜一二二六）に託される。上覚は師の文覚（一一三九〜一二〇三）と共に神護寺を護った人物として知られる。この高雄で学ぶ少年時代については種々の挿話がある。下山を思うも、八幡台菩薩使役の大蛇と大蜂に遮《さえぎ》られる夢で思い留まったこと。十三歳の時、墓地で捨身を試みるが未遂に終ったこと（四七頁コラム参照）、などである。他方で、しばしば顕密の諸師を訪ねてもいる。仁和寺の尊実から密教を、景雅から華厳学を、尊印から悉《しっ》曇《たん》学を学ぶ。なお上覚の存在は特別であった。幼くして父を失った明恵にとって、生涯にわたる精神的な父でありつづけたといえよう。

出家とその後

十六歳の時、上覚に就いて出家する。華厳宗の拠点である東大寺戒壇院において具足戒を受け、更に聖詮（景雅の弟子）から倶舎を学ぶ。十八歳で、上覚から十八道の伝授を受け、

明恵上人樹上坐禅像
（高山寺）

十九歳から仏眼法を修する。かつ、この法にまつわる多くの夢や、行法中の夢想・好想を得ている。同時に詳細な夢の記録をし始め、以後四十年間にわたった。『夢記《ゆめのき》』として残された（四一頁コラム参照）。

しかし東大寺、高雄の環境に、明恵は満足しえぬものがあり、しだいに隠遁の思いを育むようになる。そして二十三歳、神護寺を出て、紀州の栖原村白上の峰に草庵を構える。この時期の明恵の宗教体験志向には苛烈なものがあった。釈迦の時代に生まれ合わせ得なかった失意と、それゆえの精進努力。その極みに、ついには仏眼如来の前で己れの耳を切るに至る（五〇頁コラム参照）。その痛みを忍びつつ経を誦する中、虚空に光明に輝く文殊師利菩薩が出現する、と伝える。

多くの瑞相・瑞夢を得たこの隠遁生活だったが、基本的な生活上の諸矛盾から、中断を強いられることになる。二十七歳で高雄に戻る。この背後には文覚の意志も窺えた。しかし同年、寺中に騒動があり、これを避けて再び紀州へ下る。だがこのたびは数人の傾倒者を得ていた。ある種、明恵教団が生じたとも言える。『高山寺明恵上人行状』の作者・義林房喜海らである。筏立《いかたち》の地に拠点を定めた。この時期の習学は、東大寺の蔵書に支えられたようである。華厳経その他を校合してもいる。

なお、この頃インドに渡る計画を弟子たちに語っている。しかしこの思い増さる中、一二〇三（建仁三）年、一人の女房に春日明神が憑って、計画の中止を迫る。明恵は思い留《とど》まる。その後、紀州と京都を往き来しつつ、明恵の宗教活動圏が増すかに映るが、三十三歳の時、再びインド行きを企てる。しかし病を得る。断念すると急に健康を回復した。

栂尾高山寺を拠点としつつ

一二〇六（元久三／建永元）年、三十四歳の明恵に、後鳥羽院の院宣が下り、栂尾《とがのを》の地を賜わる。ここに新たな段階を迎えることになる。また〇七年秋には東大寺学頭として華厳宗を興隆すべしとの院宣を受け、当寺とも関わった。ただし、この頃の高山寺は規模不完全で、長期間かけて寺としての形を整えていったようである。その間、紀州崎山など各所に住し活動している。

こうした中、一二一二（建暦二）年、法然の示寂を契機に、「摧邪輪《ざいじゃりん》」を記し、専修念仏への激しい論難を加える。「経論に迷惑して、諸人を欺誑《ぎきょう》せり。往生の行を以て宗とすと雖も、反って往生の行を防礙《ぼうげ》せり」と。こうして浄土系諸宗の進出阻止に尽力する一方、高山寺での宗教活動も軌道に乗り、多くの参集者を迎えることとなった。これは同時に、寺の混み合いにもつながる。ゆえに、改めて栂尾の西の峰の上に練若台という一草庵を作った。行学に集中しうる空間の確保である。だが寒暑の環境上の理由で、やがて山下に移築する。

なおこの頃、その後長く高山寺の中心的僧房となる石水院も成立している。弟子も増え出した。しかし四十六歳の頃より、賀茂の地に移り、そこの山寺に住んだり、再び石水院に戻ったり、更に短期間槇尾《まきのを》に移住したりの生活を送っている。

そして一二二一（承久三）年五月、承久の乱が起きる。後鳥羽院による北条義時追討の院宣に発するが、幕府側にたちまち制圧される。この時多くの公家が命を落とすが、その末亡人たちが明恵を頼って、栂尾山中に逃げ込む（六一頁コラム参照）。明恵はこの件で六波羅に引き出されるが、遂に北条泰時を説得した挿話は有名である。その後泰時は明恵に帰依することになる。

乱の後の秋、賀茂の山寺を中心に活動し、『華厳信種義』などの著述も充実している。

晩年

一二二三（貞応二）年の秋、明恵五十一歳のおり栂尾へ還住する。賀茂の建物などもこちらへ移築した。そして活動の柱の一つに、講義があった。栂尾の説戒として多くの聴衆を得て、貴族たちも多く聴聞した。これは没する前の年まで継続された。戒を授け、弟子に法を伝授もした。著述にも力を注いだ。

だが五十七歳の頃より病臥することが増した。最後には、置文を定め、寺主・学頭・知事の三役、説戒などの寺内の職その他を指示した。臨終時、一二三二年の正月十九日には「我戒ヲ護ル中ヨリ来ル」と告げた。弥勒に由来する言である。そして微笑を含むごとくに示寂した。

教理的業績と背景

明恵は二十一歳の時、東大寺尊勝院主弁暁からの公請《くじょう》（宮中での講義）出仕依頼を辞退する。これは戒定慧三学の実践を目指し、遁世の聖たることを志す姿勢の反映である。二十六歳、高雄で『探玄記』を講ずるが、すぐに紀州に庵居する。その地で『華厳唯心義』を著す。ついで四十歳、『摧邪輪』を著す。専修念仏での菩提心の不当解釈に対決し、華厳を擁護する。かつこの関連で、四十二歳のおり、三時三宝礼を提唱する。

なお、三十代で渡印を企てたほどの釈尊思慕の念は、四十三歳で「涅槃講式」「十六羅漢講式」「如来遺跡講式」「舎利講式」を草し、涅槃会を行なうに至る。

晩年の十年は、高山寺において講経と観行に集中した。僧団も形成された。この時期に特筆すべきは、華厳密教（厳密《ごんみつ》）の教義と修法の大成である。関連著書に『華厳修禅観照入解脱門義』『華厳信種義』『華厳仏光三昧観秘宝蔵』、更に実践方軌として『仏光観法門』などがある。

仏光三昧観は、華厳経如来光明覚品などに原形がある。盧舎那《るしゃな》仏の光明三昧を観ずることにより、仏の境界に至らんとする観行である。明恵は、唐の李通玄の著作（主に『華厳経合論』）を援用し、この修習を行なうようになった。

なお、彼は光明真言をも重視し、『光明真言土沙信記』などを著した。この真言を亡者得脱の行法に用いたりした。この背景には、華厳と密教の融合した明恵の姿勢があるが、更に大きくは、かつて空海が東大寺別当に補せられてから華厳宗自体が密教化してきた事情もあろう。なお晩年の明恵の思想を絵画化したものに『華厳縁起絵巻』があり、朝鮮華厳の祖師である元暁《げんぎょう》や義湘《ぎしょう》（六四頁参照）を描いているが、前者は光明真言の土砂加持をも説いた。こうした大きな東アジア的な華厳宗史の背景も窺えよう。

人脈と弟子

明恵の主な師には既に触れた。他には、真言宗勧修寺《かじゅうじ》流の興然から密教を、臨済宗開祖の栄西から禅を学んだ。なお西行からは歌道を受けた。交流者には、明恵に修法《しゅぼう》を依頼した九条兼実《かねざね》、天台宗の僧・慶政、法相《ほっそう》宗の僧・貞慶《じょうけい》、藤原長房、幕府有力者の安達景盛らがいた。援助・協力者には、後鳥羽院、また院の近臣で上賀茂神社神主の賀茂能久《よしひさ》らがいた。

なお高弟には、定真《じょうしん》（高山寺寺主）、喜海（同・学頭）、霊典《りょうてん》（同・知事）がおり、また『明恵上人遺訓』や『明恵上人和歌集』、その他の遺文保存に尽くした重要な弟子・高信《こうしん》がいる。

明恵は旧仏教に立つ。だがその熱烈な釈迦回帰志向、戒定慧三学の総合的追究、神秘主義的コスモロジーなどにおいて、充分な新しさを発揮する存在である。従来の仏教史における鎌倉新仏教認識の枠は超えられつつある。今後のより大きなアジア宗教・思想史の中で、明恵は鮮やかに甦るであろう。

聖フランチェスコの生涯

生い立ち

フランチェスコは一一八二年、中部イタリアのウンブリア地方の小都市アッシジで、ピエトロ・ベルナルドーネとピカの長男として生まれた。母のピカは南フランスの出身であったといわれている。ベルナルドーネ家は、フランチェスコの祖父の時に、近郊からアッシジの町に出て、織物を商う仕事を始め、父のピエトロの時代には、市の政治にも発言力を持つアッシジ有数の豪商になっていた。

当時のイタリア半島の社会は、マヨーレスと呼ばれる上層階級とミノーレスと呼ばれる庶民階級に分かれていた。マヨーレスには王侯、貴族、騎士が属し、農民、職人、商人はミノーレス階級に属していた。フランチェスコが登場する十二世紀には経済力をつけ、政治的発言権も持った商人たちが新興階級として、マヨーレスとミノーレスの間の中間階層を形成していた。ベルナルドーネ家はこの階級に属していた。しかし、身分としては、ミノーレスであった。フランチェスコは、裕福な商家の跡取り息子として、何不自由なく育ち、六、七歳の頃になると、教会付属の学校に通って、司祭（神父）たちからラテン語の読み書きと商売に必要な算術を学んでいる。十五歳くらいになると、父から商売を学び、店先に立つようになった。やがて、町の貴族や豊かな商人の子弟の先頭に立って、青春を謳歌するようになる。

フランチェスコには一つの夢と憧れがあった。それは、騎士に取り立てられ、やがては諸侯に列することであった。当時の社会は厳しい身分社会であったが、戦いで武勲をあげ、騎士の装束を調えることができる者には、騎士への道が開かれていた。父のピエトロも息子と同じことを考えていた。やがて、フランチェスコの夢をかなえてくれるかに見えることが起こる。二十歳の頃のことである。アッシジ市と長年の宿敵ペルージア市の間に戦争が勃発したのである。多くの青年たちに混じって、フランチェスコも祖国防衛のために戦闘に加わった。騎士になる夢が実現することも期待していた。

十字架からの声と新しい生活

しかし、フランチェスコの夢はかなえられなかった。かれは捕虜となり、ペルージアの獄舎につながれることになった。そこで一年数ヶ月を過ごした後、和議が成立し、フランチェスコは解放され、アッシジに帰り、家で静養することになる。静養の日々が過ぎ、体調を回復したフランチェスコの内面に徐々に変化が起こっていた。これまでかれの心を楽しませてくれたものすべてが、虚ろなものに思えてきたのである。目に見えない偉大な存在がかれの心をとらえていたのである。

このような中、またも騎士への憧れを燃え立たせる事件が勃発する。南イタリアのプーリアで、ローマ教皇庁と神聖ローマ帝国との間に軍事衝突が起こる。イタリア半島の騎士と若者が、教皇庁軍に加わるために、続々とプーリアへ向かった。フランチェスコもこの中にいた。戦いに出かける前、かれは夢を見る。かれの家は宮殿に変わり、あらゆる種類の武器が収納されていた。奥の一室では美しい少女が花婿を待っていた。かれは〝フランチェスコ、この武器は君と君の部下たちのものである。少女は君の花嫁である〟という声を聞く。夢から覚めたフランチェスコは、この示現こそ自分の将来を約束するものであると確信し、希望に胸を膨らませて、アッシジを後にした。およそ二十三歳である。

途中、スポレートという町で一夜を過ごしたとき、またも夢を見る。その中で、かれは再び声を聞く。それは、僕《しもべ》に仕えるのと主人に仕えるのとではどちらが優れているか、と問いかけるものであった。かれは、もちろん主人に仕えるほうが優れています、と答える。すると、不思議な声はなおも、では君はなぜ主人にではなく、僕に仕えようとするのか、と問いかける。わたしはどうすれば良いのでしょうか、と尋ねるフランチェスコに、故郷へ帰りなさい、そこで答えは示されるであろう、と不思議な声は答える。アッシジに帰ったフランチェスコは、かれの将来を決定付ける二つの出来事に遭遇する。ハンセン病患者との出会いと十字架から語りかけたキリストの声である。

フランチェスコは、郊外に馬で散策に出かけた際に、ハンセン病患者に出会った。当時この病は不治の病とされ、患者は社会と家族から切り離されて隔離されていた。かれは嫌悪と恐れを感じ、すぐに立ち去ろうとした。しかし、何者かに促されるかのように、馬からおり、患者を抱擁し、その手に金を握らせた。このとき言い知れない甘美な気持ちに満たされた、と後日フランチェスコは述懐している。

その後しばらくして、城壁の外のサン・ダミアノという荒れ果てた教会で祈っていたとき、十字架から呼びかけるキリストの声を聞いた。〝フランチェスコ、私の家が荒れ果てて、崩れ落ちようとしている。建て直しなさい〟。かれは、家に帰ると、馬に商品の高価な織物を積んで近くのフォリーニョの町に行き、馬もろとも売り払い、その金を、サン・ダミアノ教会の修復に使ってくれるようにと、司祭に差し出した。司祭はフランチェスコの父ピエトロを恐れて、その金を受け取らなかった。そこで、金を教会の壁の割れ目に投げ込み、司祭のところにおいてもらうことにした。

早速フランチェスコは教会の修復に取り掛かる。生活の糧は人々の善意に頼り、物乞いをした。この教会のほかに、人々の協力を得て、幾つかの教会を修復している。後になってかれは、〝教会を建て直せ〟という言葉が、物理的な建物の修復だけでなく、それ以上に、キリストを信じる人々の集まりである、共同体としての教会の刷新を意味していることを悟るのである。こうしてフランチェスコの新しい生活が始まった。

小さき兄弟会

やがて、フランチェスコはアッシジのグイド司教の教会法廷に召喚される。かれの行動に激怒した父のピエトロが告訴したからである。裁判の場で、父はフランチェスコに、物乞いと浮浪者のような生活をやめて家に戻るように求め、帰らなければ廃嫡すると言い、持ち金を返すよう要求した。フランチェスコは、金と着けている衣類全部を父の足元に置き、裁判官である司教とそこにいる人々に向かって、〝これまで私はピエトロ・ベルナルドーネを父と呼んできました。これからは天におられる私たちの御父を父と呼びます〟と述べた。一糸まとわない姿になったフランチェスコを、司教は自分のマントで覆った。やがて僕が着る粗末な衣服を貰いうけたかれは、自由人となって、神のことばを告げる旅に出る。

故郷のアッシジに戻ったフランチェスコは、昼間は教会を修復し、病人の世話をし、また人々に神のことばに耳を傾け、神へ回心するように告げ、夜は神との静寂な時を過ごした。生活の糧は自らの労働で稼ぎ、得られないときには物乞いを行った。ある日教会でミサに与っているとき、〝帯の中に金貨も銀貨も銅貨も入れていってはならない。旅には袋も二枚の下着も、履物も杖も持って行ってはならない〟（マタイ福音書　十章九節―十節）というキリストの言葉を聞いた。そこで、このことばを文字通り実行するために、杖を捨て、靴を脱いで裸足になり、一枚の粗末な服を縄帯でしめた。

貧しい人に自分のマントを与える聖フランチェスコ
（ジオット画）

やがて、フランチェスコの周囲には、その生き方に共感し、共に生きようという人々が集まってきた。この小さな共同体は、アッシジ郊外のリヴォトルトに住み、労働と物乞いによって生活の糧を得、二人ずつ町々村々を回って、人々に神のことばと回心を説き、見捨てられていた病人を介抱した。仲間が十二人になった時、かれらはローマに赴き、時の教皇インノセント三世から、生活の規範を記した簡単な会則の認可を口頭で受けた。こうして、「小さき兄弟会」という修道会が誕生する。一二一〇年のことで、フランチェスコは二十八歳である。アッシジに帰ったフランチェスコと弟子たちは、リヴォトルトからは追い出されたので、ポルチウンクラと呼ばれる教会の側の土地をベネディクト会修道院から借り受け、粗末な住居を作って、そこに住まうことにした。

自我の欲求ではなく、神の望みのみを追求し、実行して、「償い」（神への回心）を行い、謙虚に「小さき者」として、何も所有することなく「清貧」のうちに、すべての者を「兄弟」として受け入れて生きること、がフランチェスコとかれの共同体の生活信条であり、行動理念であった。かれは貧しさを求めると共に、貧しい者、病人、社会の底辺に生きる人々、虐げられている人たちの中にキリストを見、彼らに仕え、かれらと連帯し、かれらと共に生きることを求めた。

クララ会と償いの兄弟・姉妹の会

小さき兄弟会ができて間もなく、フランチェスコと同じような生き方をしようと志す一人の女性が現れる。アッシジの貴族オフレドゥッチ家の長女クララである。彼女は、それまでは裕福な商人の跡とりとして金を湯水のように使い、若者たちの先頭に立って青春を謳歌していたフランチェスコが、豊かな生活と莫大な相続遺産を捨てて、清貧に徹し、修道生活を始めた生き様に感銘を受け、その行動理念に共感する。やがて彼女は世俗を離れ、かれの指導のもとに、従妹と妹と共に修道生活を始める。彼女たちは、フランチェスコが修復したサン・ダミアノ教会の側に住むことになった。「クララ会」の誕生である。クララは十八歳であった。

フランチェスコの生き方に倣おうとした人々は、未婚の男女は、それぞれ「小さき兄弟会」と「クララ会」の会員となった。世俗にあって家族の責任を取り、なおかれの精神に基づいて生きようと願う男女のために、かれは「償いの兄弟・姉妹の会」を創設した。フランチェスコから霊的指導を受け、女性でありながらかれの死の床に侍することを許されたジャコマ夫人、グレッチオでの降誕祭の準備をしたヨハネ伯爵、ラ・ヴェルナ山の一角を瞑想のために提供したオルランド伯爵などは、この団体に属していたと考えられる。この会は、現在「在世フランシスコ会」と呼ばれている。

「太陽の歌」――自然への親愛の情と平和

フランチェスコは自然をこよなく愛した。生物、無生物の区別なく、自然界にあるものを兄弟と呼んだ。死去する二年前に詠んだ「太陽の歌」では、太陽、風、火を兄弟、月、星、水を姉妹、大地を母、姉妹と呼んでいる。また動物に特別な親愛の情を示している。小鳥に語りかけた話や、狼と人間を和解させた逸話などが伝えられている。自然界に特別な親愛の情を示したフランチェスコは、環境保護の守護の聖人と宣言されている。

かれは、伝道に従事すると共に、平和の大切さを説き、人々の間や都市間の不和を調停した。死去する前には、アッシジのグイド司教と執政長官オポルトゥロ・ディ・ベルナルドの間で起こった紛争を調停し、解決している。「太陽の歌」の中では、平和とゆるしも重要なモチーフになっている。フランチェスコの平和への取り組みは、現代にも大きな影響を与え、一九八六年には、教皇ヨハネ・パウロ二世の呼びかけで、アッシジに世界の宗教者一〇〇人が集まり、「世界平和の祈り」が行われた。

イスラムとの出会い――諸宗教間の対話

フランチェスコと弟子たちは、回心と平和、ゆるしと愛のメッセージを携えて、イタリア半島を巡るだけでなく、ヨーロッパの国々へ赴いた。さらに、イスラム教の範囲内にあった中東、北アフリカに足を伸ばした。かれ自身、エジプト、パレスチナ、シリアに赴いている。小さき兄弟会の成立十年後には、会員の数はすでに数千人に達していたと推定される。

一二一九年、フランチェスコは十字軍とイスラム教徒との戦いが行われていたエジプトへ向かった。そこでかれは、イスラム教の指導者で、エジプトのスルタンであったマリク・アル・カミルに会うために、弟子の一人を伴って、イスラムの陣地へ向かった。二人はすぐに捕らえられ、スルタンのもとに連れて行かれた。初めは手荒く取り扱われたようであるが、スルタンはフランチェスコの純粋で、豊かな人間性に触れ、その言葉に耳を傾けた。こうして、二人の間には信頼と友情が生まれ、真摯に語り合った。スルタンは、部下に命じてフランチェスコを安全にキリスト教徒の陣地に届けさせた。アッシジの聖フランシスコ大聖堂の遺品室には、スルタンがイスラム教徒の国を自由に旅行できるための通行証としてフランチェスコに与えたという角笛が保管されている。かれはエジプトから聖地パレスチナを訪れ、シリアで弟子たちを訪問した後、イタリアに戻っている。フランチェスコのスルタンとの出会いは、平和の推進と諸宗教間の対話を先取りするものであった。

グレッチオとラ・ヴェルナ

一二二三年、フランチェスコはローマの東にある山間部の寒村グレッチオでクリスマスを祝っている。十二月二十四日の夕方、弟子たちや人々が集まり、かれの友人で土地の領主ヨハネ伯爵が作ってくれた小屋で、キリストの誕生を記念するミサが挙行された。小屋には、ロバや牛の家畜も連れてこられていた。かれは、教会の助祭としてキリストの福音書の言葉を歌い、説教の中で、人間を救うために神の子が貧しい人間となってこの世にこられたという、神の謙《へりくだ》りについて語った。この時以来、カトリック教会には、クリスマスに教会堂の中に馬小屋の模型を作って、キリストの誕生を記念する習慣が生まれた。

翌年、フランチェスコは未曾有の体験をする。一二二四年の八月一五日から九月二十九日まで、フィレンツェの東南にあるラ・ヴェルナ山の一角で、四十日の間、断食のうちに瞑想を行った。この場所は友人で、土地の領主であるオルランド伯爵から提供されたものであった。瞑想している間に、十字架につけられたキリストの五つの傷(胸と両手足)をその身に刻印(聖痕)されるという恩恵に浴するのである。同年には、かれの生誕の地アッシジがあるウンブリア地方の言葉で、自然界に向かって神への賛美を呼びかける「太陽の歌」を詠んでいる。二年後の死去の前には、この詩に、「ゆるし」と「死」をモチーフとした句を付け加えた。

姉妹なる死の訪れ

一二二六年十月三日の夕刻、フランチェスコにこの世を去るときが訪れる。ポルチウンクラの粗末な修道院の病床では、弟子たちとローマから駆けつけた親友ジャコマ・フランジパーニ・セッテソリ夫人が師父の最期を見守っていた。夫人は、由緒ある家系に属する貴族の未亡人で、フランチェスコの霊的指導のもと、二人の男児を育てながら、世俗にあって宗教生活を送っていた。

かれは、自らの死を悟ると弟子たちに祝福を与え、迫り来る死に向かって「ようこそ、姉妹なる死よ」と呼びかけた。下着だけの姿で大地に横たわり、体に灰をかけさせた。自分自身は無であり、すべては神から与えられたものであり、自分に属するものは何もないことを宣言したのである。こうして、「姉妹である死」に迎えられたフランチェスコは、四十四歳の生涯を閉じた。

遺体は翌日アッシジ市内の聖ジョルジョ教会に埋葬された。二年後の一二二八年には聖人の列に加えられ、更に二年後の一二三〇年には、遺体は聖ジョルジョ教会から、かれの墓所として建てられた聖フランチェスコ大聖堂に移され、現在に至っている。一九三九年イタリア国の守護の聖人とされ、一九七九年には環境保護運動の保護の聖人と宣言された。前述したように、一九八六年、アッシジにおいて「世界平和の祈り」が行われた。

I 聖フランチェスコと明恵上人

高山寺絵図

（司会―藤原） 本日はヴァチカンの教育省次官のヨゼフ・ピタウ大司教と、日本の文化庁長官の河合隼雄先生のお二人をお迎えしました。ここはアッシジの聖フランチェスコ大聖堂の真ん前のホテルです。二十一世紀、日本も大変な状況を迎えており、どのように人間は生きていけばいいのかが問われていると思います。先生方のご専門から、宗教と平和の問題について、忌憚のないお言葉で語り合っていただければと思います。

明恵と聖フランチェスコは、十二世紀の終わりから十三世紀にかけてのほとんど同時代に、この地球上に生きた宗教者です。生きていた空間は物理的には違いますが、いろいろな共通点があるのではないかと思います。八百年前にタイムスリップしたような感じで、当時の状況も含めながら、お話をいただければと思います。

1 夢・自然・女性——明恵

河合隼雄

◇明恵上人と聖フランチェスコへの関心

河合 今日は大変喜んでやってまいりました。私は宗教学者ではないのですが、日本の明恵に非常に関心をもちまして、本も書いたりしました。その時、高山寺《こうざん》におられました葉上《はがみ》阿闍梨に会う機会がありまして、「いつか明恵と聖フランチェスコを比べた仕事をしてほしい」と、私に言われたんです。その時から私はずっと思いがありました。聖フランチェスコの本も時おり読ませていただいて、本当にいろいろ似たところがあるなと思っていたわけです。

それで、このアッシジに二か月ぐらい泊まって、いろんな、空気とかを体験して、それを比較した本でも書こうかと言っていたんです。ところが今回、こういう非常に思いがけないことでピタウ先生に直接にお訊きできて、非常にありがたく思っております。

私が明恵に関心をもちましたのは、もともと『夢記《ゆめのき》』**(⇒コラム①)**です。私は夢に非常に関心がある者ですので、『夢記』を読みまして、それだけで、これはすごいと。私の感じでは、日本人にはめずらしい、すごい人がいるものだと。『夢記』だけでもいろいろ言えそうな感じだったんですが、伝記を読み、それから明恵の説教とか、だんだんその時代のことがわかればわかるほど、本当に感激して、明恵のことを本にしたわけです。★

★**『明恵　夢を生きる』**京都松柏社(法藏館発売)、一九八七年。講談社＋α文庫、一九九五年。(一九八八年、新潮学芸賞)

コラム①

『夢記』

明恵が自身の夢を書きとめた記録。十九歳より四十年間にわたる。その約半分が現在まで伝来する。この他、聖教の奥書や自著、伝記類にも多く記される。彼は宗教的夢も普通の夢も分け隔てなく自由に記し、時に自らの解釈や感想を付記する。彼は生きることの本質にかかわる大きい意味を夢に見出していた。

一例（建久七年八月の夢）を記す。

「一。夢に、金色《こんじき》の大孔雀王二翅《にし》あり。其の身量人身《にんじん》より大きなり。其の頭・尾、倶《とも》に雑《くさぐさ》の宝・瓔珞《ようらく》を以て荘厳《しょうごん》せり。遍身より香気薫り満ちて、世界に遍《あまね》し。二つの鳥、各、空中に遊戯《ゆけ》飛行《ひぎょう》す。瓔珞の中より微妙《みめう》の大音声《おんじょう》を出《いだ》し、世界に偏し」云々、この鳥から、仏眼如来と釈迦如来の外題を記す二経巻を授かる。歓喜の心熾盛《しじょう》で、夢覚《さ》めて枕の下に涙が溜った、とある。

この夢は、明恵の精神の高揚を示している。「二」が多く現れるのが特徴的だが、人生に生じた多くの二元性を表わしていよう。当夢の仏眼＝母性と釈迦＝父性の二元性。その緊張を共に身に引き受け、何らかの統一を得んとする願望努力が伺える。

なお、明恵の夢は、彼の修法などにおける体験世界とも深く関わっている。すなわち好相・奇瑞・瑞夢というものなどである。また明恵は、夢見の方法に能力を有し、印を結んで坐したまま眠り、未来事や他人の心中を透視しえたともされる。

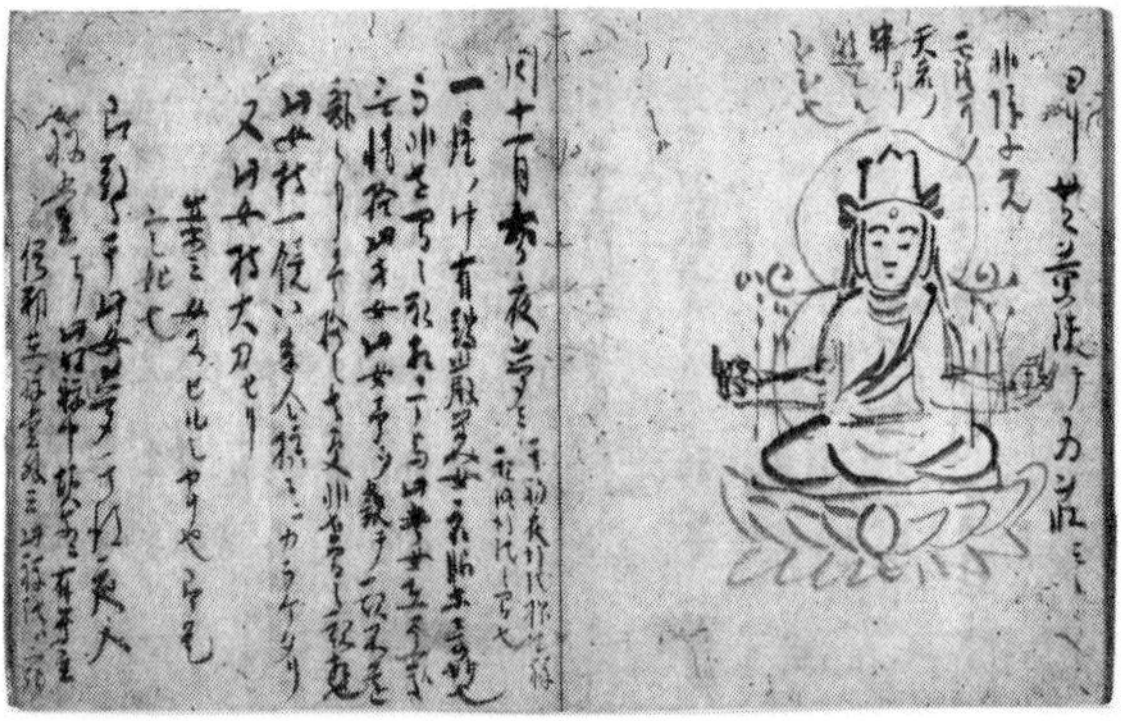

明恵『夢記』(部分)

そこで、聖フランチェスコの場合も、夢による啓示が自分の人生を変える根本になっているわけです。この夢とか啓示とかいうものが、現代人はどうしても自然科学と技術の世界にしばられすぎているので、みんな疑わしく思ったり、なかなか体験というか体感できない。ところが、私は現代人においても、あるいは現代人だからこそ、科学技術のことをどんどんやるのと同時に、こういう祈りの世界、啓示の世界、夢の世界とかを非常に大事にする必要があると思っています。このような夢による啓示ということがかつて同時代に、日本とまったく離れたイタリアの国で起こっているというのは、本当に不思議に思いました。

　明恵の場合は、母親が病気で死にまして、そして父親が戦死する。これが八歳の時です。そして両親が亡くなったということもあって、九歳からお寺に入ります。お坊さんとして修行するんですが、私がこれはと思ったのは、明恵はずっと修行しているうちに、仏眼仏母《ぶつげんぶつも》（⇒コラム②）という、これは、日本的に言うと、仏さんの一種の顕現になるでしょうか、仏の眼を表した女性なんですが、それに帰依をするんです。明恵のお母さんは亡くなっておられるので、個人としての母ではなくて、もっと偉大な母、世界全体の母の存在に気がついたのではな

コラム②

仏眼仏母《ぶつげんぶつも》

仏眼は諸法の実相を見通す仏の眼であり、仏母は仏を生み出す大元のことで、密教の影響下に仏眼仏母となった。胎蔵界曼荼羅遍知院に住する。『高山寺明恵上人行状』によると、明恵は十九歳の時より「恒《つね》ニ仏眼ノ法モ修スルヲ業トス」とあり、この修行中に「好相并《ならび》ニ夢想等、種々不思議ノ奇瑞多シ」と述べられている。明恵の帰恵した仏眼仏母像は、高山寺に現存する。これには明恵の自筆の賛があり、右端に小さく、

　モロトモニ、アハレトヲボセミ
　仏ヨ、キミヨリホカニ、シル人
　モナシ　無耳法師之御前也

とある。また、「哀二愍一我《われをあいびんしたまえ》、生々世々、不二暫離一《しばらくもはなれず》、南無母御前〳〵」と書き、呼びかけてもいる。仏眼仏母は明恵にとり、個人としての母をこえ、より大きな母なるものとしての意味合いをもつ。かつ彼はそれと同一化するような夢を次々と見ている。保護者、導き手としての姿を見せ、また仏眼より手紙をもらい、表書きに「明恵房仏眼」と書かれていた、というものもある。更に、夢告を受け『理趣経』を伝授されもした。当経は男女の愛欲を肯定的に説く珍しい経典である。仏眼法の修行は、厳しく清らかになされつつ、また欲望の肯定というパラドックスを内包しつつなされ、全てを包み許してくれるものとして、仏眼仏母は存在したといえよう。

いかと私は思ったんです。

フランチェスコの場合は、それをもっと意識的にやっているんですね。お金持ちのお父さんがおられるのに、出て行った。しかも自分の家のものを持ち出したと、お父さんにすごく怒られます。ところが「これは私の父ではない、私の父は天におられます」というので、個人の父から天の父に変わる。これがすごく大事なところになると思うのですが、明恵の方は母になっていくんです。ここが大きな差ではあるけれども、自分の個人的な肉親のつながりよりも、それを超えた存在と結びつこうとしたというところが、私にとっては非常に大事だと思いました。

◇身体の拒否と捨身

河合　そして明恵にとって、まず出てくるのは、自分の身体を拒否する、身体を嫌う心です。どうしても精神的な方に惹かれていきますから、自分が身体を持っているのは受けいれられない。そしてとくに十三歳の時には、自分で死のうとします（⇒コラム③）。仏教の世界には仏さんの前世譚というのがあります。仏さんの前の生涯で、非常に飢えた虎に、「そこまで飢えているんだったら自分の身体をやるから食べなさい」と、木から身を投げて、捨身をする。身を捨てるというお話がある。明恵はそれに非常に惹かれていたということもあります。

そして「十三歳にしてすでに老いたり」という言葉を使う。もう十分年を取ったから、ここで死んでもいいと。ここから私の推察では、

コラム③

明恵の自死願望

『高山寺明恵上人行状』には、「又十三歳ノ時心ニ思ハク、今ハ十三ニナリヌレバ、年スデニ老ヒタリ、死ナムズル事モチカヅキヌ、何事ヲセムト思フトモイク程イキテ営ムベキニアラズ、同ジク死ヌベクハ、仏ノ衆生ノ為ニ命ヲステ給ヒケムガ如ク、人ノ命ニモカハリ、トラ狼ニモクハレテ死ヌベシト思ヒテ」とあり、一人で墓地に行き夜の間、そこに横たわっていた。一心に仏を念じて死を待ったが、「別ノ事ナクテ夜モアケニシカバ、遺恨ナルヤウニ覚エテ還リニキ云々」とある。

なお『伝記』の方の記述になると、少々色づけられ、「夜深《ふ》けて犬共多く来りて、傍なる死人なんどを食ふ音してからめども、我をば能々《よくよく》嗅ぎて見て、食ひもせずして、犬共帰りぬ。恐ろしさは限り無し。此の様を見るに、さては何《いか》に身を捨てんと思ふとも、定業ならずば死すまじき事にて有りけりと知りて、其の後は思ひ止まりぬ」とある。

要するに子供としてはここで完成した存在になっている。しかし、次に青年期になり、思春期を迎えるという時に性の世界が入ってくる。これはあまりにも恐ろしい世界だということを、どこかで予見していたのではないかと思うんです。自分が完全に完成したところで、自分の身体を寄進することがいいと思って、お墓へ行って、横たわった。そのころのお墓はみんな死体が置いてあって、狼とか犬が来て食べるわけです。それで明恵もそこで食べられて終わりと思ったところが、狼も犬も食べない。こういうところは非常におもしろいんですが、それで明恵は悟って、いや、自分は死んではいけないんだと思って、死ぬのをやめるんです。

こういう身体を拒否するというところは、聖フランチェスコの場合もどこかにそういうのがあって、しかも拒否して、また肯定するということが起こってきますね。そのへんが非常によく似てると思います。明恵の場合も、もちろん、拒否したのをやめるんですが、まだその思いが非常に強かった。というのは、聖フランチェスコの場合はどうなのか、あとでお訊きしたいと思うのですが、明恵は非常にハンサムな男性だった。そして仏道にいそしんでいますから、女性がいっぱい寄ってくる。これがたまらないので、自分の体を傷つけようと思います。その時に、とうとう思い余って、耳を切るんです（⇩コラム④）。自分の体を拒否する。捨身をする。自殺をしようとか、自分の体まで傷つけてしまうとか、これはおそらく聖フランチェスコにとっては考えられないことだと思います。キリスト教的な考え方にはありませんから、このへんは違ってくると思うんですが、根本に動いているものは、私は似たところがあると思います。自分の体というものをなんとか拒否

コラム④

耳を切る

釈迦の在世に生まれ合わせなかった無念を抱いていた明恵は、ひたすら修行に勤めた。それに仏教界の堕落への憤慨も加わって、脱俗の徹底化を求めるようになる。

明恵が二十四歳のとき、紀州白上でのこと。『高山寺明恵上人行状』には、「眼ヲクシラハ聖教ヲミザル歎キアリ、鼻ヲキラハス、ハナタリテ聖教ヲケガサン、手ヲキラハ印ヲ結ハムニ煩ヒアラム、耳ハキルトイフトモキコヘサルヘキニアラス、然モ形ヲカフルニタヨリアリ(……)、仏眼如来ノ御前ニシテ耳ヲカラケテ仏壇ノ足ニ結ヒツテテ、刀ヲ取テ右耳ヲ截ル」とある。その夜の夢にインド僧が現われ、如来を慕い、耳を切って供養したことを、一冊の大きな書に記入した。

明恵の行為は、十三歳の時の捨身的試みの延長線上にも位置づけられるだろう。また、今まで一体であった母なるものを超え、父性的な強さを証すための試練とも解釈できよう。

そしてこの〝耳切り〟の後、華厳経を講経中に、「眼の上忽ちに光り耀《かがや》けり。目を挙げて見るに、虚空に浮びて現に文殊師利菩薩、身金色にして、金獅子に乗じて影向し給へり」(『伝記』)とある。高雄─白上を経て、立派な僧となるべきイニシエーションをなし遂げた明恵が、求道の旅の最初に会う菩薩として、文殊に出会ったとも考えられる。

したい。ところが耳を切ったあとで、しばらくたって、文殊菩薩が夢の中に顕現し、そして自分の信仰心というものを支えられたという感じがします。

◇根源に直接向かう姿勢

河合　私は、聖フランチェスコが祈りに専念して、そのあいだに見たヴィジョンとか、そのあいだに聴いた声とかいうのと、明恵の夢というのは、ほとんど同じと思っていいのではないかと思います。われわれの日常の、ふつうの意識の状態ではない、もっと違う世界に入って、その世界で体験したことです。これはまさに体験したことであって、考えたことではない。これがわからない人は、頭で考えたように思うけれど。本当に見えるし、本当に聴こえる。われわれがそういう世界に近づいていくと、眠ってしまうけれども、しかしその時に眠らずに、ずっとその状態にいることができて、非常に深い体験をしている。このへんは、聖フランチェスコと明恵との体験は、すごく似ているのではないか。もちろん信仰が違いますので、明恵の方は仏教的な言葉が出てくるし、聖フランチェスコの方はキリスト教的なイメージが出てはくるのですが。

明恵はひたすら夢の日記を書いていた。キリスト教と仏教は本当に違う宗教であるし、日本人と、当時のイタリアにいる人たちというのも、相当違うんですが、それでもなおここまで似てくるというところが、非常に不思議です。私がひとつ考えたのは、聖フランチェスコの場合は、キリスト教だけれども、バイブルに書いてあることだけではなくて、そのころいろんな神学論争がありました。たくさんの論理とかセクトとかあったけれども、そういうのを全部とばして、ただ、本当に受肉して、人の形をとって現れた神という、それとの関係だけにずっとまっすぐに行って、そこからいろんなことが出てくる。明恵の場合もそうでして、そのころはいろんな仏典とか仏教宗派とかがあった。明恵はじつはよく勉強して、仏典は非常にたくさん読んでいるんですが、大事なのは仏陀であると。仏陀という人に対する帰依だけが中心になっている。そこに直接に向かったところから出てきたという点で、すごく似てきたのではないかと私は思うんです。

また、鎌倉時代というのは、日本でいうと仏教の改革者がいっぱい出てくるんです。親鸞とか、法然、栄西、日蓮、どんどん出てくるわけです。と言うのも、日本に仏教が入ってから、鎌倉時代ぐらいまでに相当堕落してくるわけです。とくにお坊さんたちは戒律を守らない人がほとんどで、女性との関係もどんどんできてくる。それからあのころは、加持祈祷をするとものすごくお金が儲かりますので、上等の服を着るとか、そういう人が多い中で、明恵はそこから離れていくわけですけれど、その時に改革者にはならないんです。

その当時、キリスト教でも、改革しようとする人が出てきますね。私はあまり詳しく知らないんですが、カタリ派（八四頁参照）とか、いろいろ出てきますね。そういう人たちはキリスト教会を離れて改革しようと。ところが聖フランチェスコは、カトリック教会の中にあって、自分の生き方をする。明恵も仏教の伝統の中に入ってやっているという点がそっくりなんです。考え方としてはすごくラディカルな面をもっているのですが、いわゆる改革者にはならないのです。

◇自然に対する両者の態度

河合 そして、このへんから一番むずかしい比較になってくると思うのですが、自然に対する態度、あるいは動物とか生物に対する態度が非常に似たところがあります。ふつう、明恵と言っても、聖フランチェスコをぱっと思いつく人は、そこを一番言いますね。聖フランチェスコは鳥も寄ってくるとか、狼に説教するとか、非常に動物と親しい。明恵の場合も、いっぱい鳥が飛んできたり、犬が寄ってきたり。これはめずらしいんですが、高山寺には、犬の置物★もあるし、鹿も馬もあります。つまり仏さんの乗物ではなくて、ふつうの動物の彫像があるところというのは非常にめずらしい。そういう見事な彫像が高山寺にあるんです。それは明恵が作らせたのではないかと思うのですが、な

★犬の置物（高山寺蔵）

かなかむずかしいのは、聖フランチェスコの場合は、神のつくりたもうたものとして、兄弟だという考え方です。明恵の場合は、それをどのへんまでどう考えていたかはわかりにくいのですが、私が非常に好きな晩年に見た夢があります。

それは、自分がどこかへ出かけて行くと、黒い小さい犬が寄ってきて、まとわりついてくる。どうしたのかと思っているうちに、夢の中ですけれども、そうだ、私はこの犬を飼っていたんだと気がつく。だからもうこれから一生離れずにいこうと決心したところで目が覚める。私流の解釈をすると、じつはわれわれは心の中に犬も猫もいっぱいいるけれど、忘れてしまっている。けれども、はっと、夢の体験としてわかったという、そういう感じで、犬とかみんな親しいのではないかと思うのですが、その時に聖フランチェスコが被造物としての兄弟と

★鳥に語りかける聖フランチェスコ（ジオット画）

考えたところと、明恵のそういう感覚とはちょっとどこか違うだろうという気がして、結果的には似てくるんですけれども、すごくおもしろいところではないかと思っています。

そういう自然とか、「もの」に対する態度が、とくにいまは時代的に見直されていますね。聖フランチェスコの自然に対する態度が、自然をコントロールするとかいうのではなくて、同じ被造物として見ていこうと。明恵の場合もそういうところはあると思いますが、聖フランチェスコの方が、それがもっと言われているだろうと思います。

◇女性との関係と戒律

河合　ところが、自然とか「もの」とかいうと、自分の体は、一体自分のものなのか、自分と違うものなのかという、すごくむずかしい問題があります。精神と肉体というものを分ければ分けるほど、自分の肉体を拒否したくなってくる。そういうときに、極端になると、それこそカタリ派みたいに、ものすごい否定をするわけです。そこを聖フランチェスコは絶対的否定ではなくて、「もの」もみんな神様がつくられたものだからというので、だんだん肯定していくわけですが、そこで自分の身体の欲望、性的な欲望というものが非常に問題になってくる。

聖フランチェスコの場合は、そういうものは否定して、精神的に生きていくという。けれども、これは下手をすると、性的なものを抑圧する。女性と関係をもってはいけないというので極端に拒否的になることもあります。ところが聖フランチェスコの場合は、ちゃんと女性との霊的関係、心の関係はすごくありますね。クララ（九〇頁参照）という女性が出てくる。明恵の場合も、その周囲に女性がたくさんいます。とくに明恵の場合は、承久の変（一二二一年）というのがありまして、天皇方と将軍、北条との戦いがあって、将軍が完全に勝ってしまう。それで天皇周辺の公家とか武家とかの未亡人が、たくさん明恵のところへ逃げこんでくる。それを明恵が助けるわけです。そこで明恵は将軍方の兵に捕えられ、そのときの大将の北条泰時★に会うのですが、明恵は、「私は仏教徒だから、だれでも全部匿《かくま》うんだ。それが嫌だったら私を殺せ」と言うんです。で、泰時がものすごく感激して、あと、尊敬するようになるんです。こういう時に、ぱっと出てきて対応する感じは、聖フランチェスコがいろんなところで、平和のためにという時に、行動するところと非常によく似てると、私は感じました。俗世界のそういう戦いのなかにまったく平気で出かけてゆくのです。とも

★北条泰時　一一八三～一二四二年。鎌倉幕府の三代執権。承久の変では後鳥羽上皇方を破り京都を占領。六波羅探題となる。一二三二年「御成敗式目」を制定。

あれ、そういう女性たちを助けたということもあって、またその未亡人の多くが尼さんになり、その尼さんたちは、もちろん明恵を非常に尊敬します**（⇒コラム⑤）**。

そしてここから、話が変わってくると思うんですが、明恵の場合は、自分の性的な欲望を、まったく抑圧するのではない。それがあることを認めている。けれども、絶対戒律は守らなければならないと思っているわけです。だからすごく苦しんでいる。まったく性的欲望を抑えつけてしまって、平気で女性とつきあっているのではない。明恵はあとで話しているんですが、じつは自分も女性との関係を持とうとしたことがあると。具体的には分からないですけれども。そして、もうそうなると思った時に、不思議なことが起こって、いつも妨害された。それは何か奇蹟的なことが起こっていると思います。それによって自

コラム⑤

未亡人が尼に

承久の変のころ、高山寺はアジール（避難場）であったと言える。身の保護を求めた官軍の妻妾たちは、上人の徳を慕い、魂の救済をも求めた。こうした背景のもと、変より二年後、彼女たちのために尼寺の善妙寺を建立する。その始まりは、高山寺縁起によると、乱のおり官軍の責任者として刑死した中御門宗行の妻が出家し、夫の菩提を弔《とむら》うために、高山寺の近くの平岡の地に建てたもので、本堂は西園寺公経が古堂を買い取り移した。一二二四年、五十二歳の明恵により諸像が納められ開眼供養、また善妙神（高山寺現蔵品とは別か）が寺内の鎮守に納められた。

尼僧たちは明恵に深く帰依し、写経などに力を注いだ。今もそれらは高山寺に保存され、中には血書されたものもある。却癈忘記《きゃくはいもうき》には、「善妙寺ニ我ガ流ハ多トナリテ候也。申事ドモ、ソライタラデ（逸らさないで）、カマヘテタモタムトシアヒテオハシマスガ故也」とある。なお明恵示寂の数刻後、尼僧の明達《みょうたつ》が清滝川に身を投げたという。まさに善妙に自身を凝えたものといえよう。因みに当寺は現存しない。ただ寺跡から掘り出された宝篋印塔一基を、梅ヶ畑にある浄土宗の小庵、為因寺の境内に残すのみである。

分は助かったと言っています。それは一つには自分は戒律を守り通したということでもある。一つには自分は強い意思で守ったほどの人間ではないと。弱い人間で、破りそうになったのに、不思議な助けによって、そこを助けられていったと。私はそこが非常に好きなんです。

◇善妙をめぐる解釈

河合　興味深いことは、夢の体験の中では、女性とだんだん親しくなっていくんです。現実にはそういう体の関係をはっきりと拒否しているけれども。そして頂点に出てきたのが、私が「善妙の夢」と呼んでいる夢です。簡単に言ってしまうと、夢の中で、中国からやって来た陶器の人形である女性が日本という国に来てしまったと泣いているのを、「泣くな、私があなたを慈しんであげますから、大丈夫です」と言うと、その陶器の女性が生身の女性に変わるんです。そのへんにどんな関係があったかまでは書いてないけれども、要するに陶器でできた人形が生身の人間になる。明恵は目覚めてから、解釈として、この女性は善妙だったと書いているんです。

善妙というのはどういう女性かというと、明恵は華厳宗《けごん》なんですけれども、新羅の華厳宗の始祖である、元暁《げんぎょう》と義湘《ぎしょう》という二人の僧のことを、明恵はいろいろ調べてみました。元暁も義湘も七世紀の新羅の国の僧で、華厳宗を広めるのに大きい貢献をしました。後にも述べるように二人の僧は性格的に対照的なところがあり、それについても明恵は関心を持ったと思います。聖フランチェスコも明恵も、どちらも芸術的な才能があったと思います。芸術的な愛好心もあった。だから明恵は自分が指導して、絵巻を作らせている。これは『華厳絵巻』⇩

コラム⑥

『華厳絵巻』

『華厳縁起』『華厳宗祖師絵伝』とも。絵巻六巻。紙本着色、十三世紀前半の制作。高山寺蔵。新羅華厳宗の開祖である義湘《ぎしょう》（六二五〜七〇二）と、同じく新羅の代表的高僧である元暁《げんぎょう》（六一七〜六八六）の二人の事跡を慕って、明恵が絵仏師に描かせたもの。

詞は明恵の作。画風は宋画との関連が指摘されている。義湘絵は、善妙の義湘に対する恋愛の純化と献身に主題があり、その宗教的奇蹟の体現と帰法の機縁を説くところに核があったようだ。その意図は、女人成仏などに託せる布教にある。

しかし同時に、より限定的には、高山寺およびその別院善妙寺における女人済度にまつわる善妙神信仰との関わりも、その成立背景にあったはずである。さらには、明恵の「善妙の夢」に伺えるように、自分自身を善妙に対する義湘に比する、明恵自身の内的感動の動機が秘められてもいよう。

淡彩にして、運筆のよく伸びた傑作である。

と言われています。

その中で義湘と元暁が出てくるのですが、この絵巻によると、二人は一緒に唐に行き、仏教を学ぼうとします。しかし、雨やどりのために土龕のなかで一夜を過ごしたのです。ところが翌日になって、それが古い塚であることを知りました。そうすると二晩目には二人は鬼神の夢を見るのです。そこで元暁は、塚だと知らないと何もないが、それを知ると鬼神の夢を見るのは、結局は人間の心が大切だということだ。心の内奥に起こっているのが大切で、わざわざ唐まで行って学ぶことはない、と旅を中止します。義湘の方は唐に渡ります。このように二人の性格は対照的です。唐における義湘のことを簡単に言いますと、善妙という非常に美しい女性にプロポーズされるのを、自分は僧籍にありますからと言って、拒絶するんです。ところが元暁という坊さんは、いや、そんな外的なことはどうでもいいんだと。自分は内的に成熟すればいいんだというので、平気で色街に行ってみたり、大きな声で歌を歌ったり、音楽をやったりしている。そうしながらも、元暁は元暁で、ちゃんと華厳の始祖としてすばらしい人になるし、義湘は義湘で活躍するのです。

この二人のことを書いているのは、私は明恵の中にそういう二つの傾向があったのではないかと思っているんです。そして善妙の場合はどうなったかというと、仏道に励んだ義湘が中国から新羅へ帰ってくる時に、竜に変身して助ける。★また義湘が新羅の国で華厳経を広めるときに、ほかのお坊さんたちが反対して押しかけてきたことがあった。そのとき善妙は石の竜になってみんなを怖がらせて、義湘を守ったという話があるんです。義湘のこの寺は浮石寺と呼ばれています。

★義湘を助ける善妙
(『華厳絵巻』より)

ここからが私の解釈ですが、善妙というのはすばらしい。けれども石になってしまうというのは残念ではないかと。石になるというのはプラスの意味がありまして、つまり永遠に記念するという意味です。しかしマイナスの方から言うと、生身の人間ではない、どこかで感情を殺してしまったのではないかという感じを私は持ったんです。おそらく明恵も持ったのではないかと思うんです。そして夢の中で、陶器、つまり石であった善妙が、自分がはっきり声をかけたために、もういっぺん生身の人間になって、ここで関係ができた。内面的にはそういう体験をしたんではないか。そういう体験のあとで、明恵の場合は「身心凝然たり」という夢を見るんです。いわば心と体とが一つになって、まったく透明な存在になるような体験をします。このあたりは、おそらくキリスト教的な精神と肉体の解釈とは違ってくることになると思いますけれども。

◇奇蹟の問題と明恵の合理的精神

河合　もう一つだけ言っておきますと、奇蹟の問題です（⇩コラム⑦）。明恵にもたくさんの奇蹟が起ります。そして聖フランチェスコにもたくさんの奇蹟があって、どちらも弟子たちが記録を残しています。ただ、明恵の場合は、できるかぎりそれを記録に残さないように、一生懸命になっていたようなところがありまして、これは聖フランチェスコも、自分の聖痕をできるだけ隠していたというのがありますね。みんなに見せないように、そしてやかましく人に言うんでないと。そういう奇蹟は大事だけれども、それを種にしていろいろ言うのではない、というところも一致していると思います。ただ、明恵の場合は、それ

コラム⑦

奇　蹟——明恵の場合

明恵の生涯には、奇瑞、瑞相、瑞夢、禅定中の夢想、異香、透視などが満ちている。これらは広義の奇蹟と言えよう。かつ人生の重大な節目には大きい奇蹟が絡んでもいる。

例えば白神での耳切りの後の文殊菩薩の影向や、インド行きを中止させた春日明神の託宣などである。後者は自ら「託宣正本の記」として記したが、後に破棄した。

ただし弟子の喜海が、明恵の没後に『明恵上人神現伝記』を残している。その奥書には「更に外聞に及ぶべからず、本《もと》の記已《すで》に破棄せられをはんぬ。全く注し留むべからずと雖《いへど》も、ただ是れ自ら廃亡の為に恐れながら之を記す、能《よ》く能く秘すべし、秘すべし」とある。世の誤解を恐れた師の姿勢を反映している。因みにこの渡印中止は一二〇三年。これはイスラムがインドを席捲し、インド仏教滅亡の年に合致する。この共時性にわれわれは驚かされる。

なお、不思議事態の多き明恵を、人びとが「権者《ごんじゃ》」（仏・菩薩の仮現者）ではと噂するのを弟子が報告すると、慨歎して曰く「あら拙《つたな》の者共の云ひ事や。さればとよ、高弁が如くに定《じょう》を好み、仏の教への如くに身を行じて見よかし。只今に、汝共も加様《かよう》の事は有らんずるぞ。（略）是は伊美敷《いみじき》事にてあらず。汝どもが水の欲しければ水を汲みて飲み、火にあたりければ火のそばへよるも同じ事也」。ここにも明恵の奇蹟認識の基本が伺えよう。

を記録に残すなというのは、聖フランチェスコよりももっと徹底していたのではないかと思います。

そして、先生にもう一つお訊きしたいことがあります。私は明恵という人は、当時の日本のお坊さんにしては、そうとう合理的な精神を持っていた人ではないかと思います。さっきの奇蹟をみんなに知らすなというところもそうです。それから例えば禅定《ぜんじょう》★にこもっていろんな不思議な体験をするわけです。それを問題にする人が、「うっかり禅なんかすると、気が狂ってしまう」、そういうことはしない方がいいのではないかと言ったら、明恵は、これをすることによって、深い体験をする人と気が狂う人とがいる。だからやり方が大事なのだと。いわばご飯を食べている人でも狂う人と狂わない人といるんだから、ご飯を食べるのをやめろというのと同じことであるとか、そういう点の合理

★禅定
静かな心で瞑想し、真理を観ずること。これを霊山に登って行うことから、日本では霊山の頂上のことも禅定と呼ぶことがある。

的な説明が非常にしっかりしています。そういう合理性を持っているから、明恵のやったことが比較的いろんな点で西欧の知性、つまり聖フランチェスコの知性なんかにもつながるのではないかと思っていますが、いかがでしょうか。

もう一つおききしたいことは、ユーモアのことです。明恵はすごくユーモアがあったんです。説教の中で冗談を言ったりして、上人はここで微笑まれたとかいう記録が残っているのですが、聖フランチェスコの場合は、そういうことがあったのかどうかということも聞かせていただくとありがたいと思います。一応、以上です。

2　カトリックの新しい風
――聖フランチェスコ

ヨゼフ・ピタウ

◇愛される聖フランチェスコ

ピタウ　日本を離れたのは二十二年前ですから、日本語を忘れかけてしまっています。日本にいたときには時々、夏休みなど一週間ばかり京都へ行きました。朝早くあの辺りを歩きながら、日本の精神に触れたかったんです。イタリアに戻ったのは一九八一年です。二十九年間、日本にいて、そして二十二年前にここに戻ってきました。そして、同じようにアッシジに来て一週間ほど町に泊まったとき、何か雰囲気として京都とアッシジがすごく似ていると感じました。朝早く、四時ごろ町に出ると、何か特別な雰囲気にとらわれました。見たら、だいたいここでも八世紀ぐらい前のものがそのまま残っているんです。誰にも会いませんでした。しかし、どこかの街角でフランチェスコに会いそうな感じがしました。京都でも、朝四時ごろは、誰にも会いませんでした。しかしお寺やその周りを見ていると、お坊さんが出てきて、会うんじゃないかという気持ちになりました。そしてその近辺から離れると、すぐ周りには新しい世界があります。

さて、フランチェスコという名前は、おそらくイタリアで一番普通に使われている人の名前です。もともとフランス人という意味ですが、今でもフランチェスコはイタリア人の名前に使われるほど愛されています。そしてその傾向はなおさら強くなっています。現代社会では、何か精神的なものへのあこがれが見られるのかもしれません。いまアッシジのフランチェスコは環境保護の聖人★です。そのような形で、フランチェスコは一つの模範、あるいはあこがれになっていると思います。

フランチェスコがここアッシジに住んでいたころは、イタリアの変化の時代でした。都市国家が現れ、商売が盛んになりました。そして大学の時代でもあったと言っていいと思います。精神的な世界も残っていて、しかし反面、科学あるいは学問の世界もいっしょに成り立っていました。そこにフランチェスコが現れたのです。彼にとっては二人の父がいて、実のお父様のピエトロは彼を商売人にしたかったんです。成功を収めて商人から貴族になったら、家も有名になりますから。けれども彼は、そこではっきりと心を決めて、一切を捨てるんです。そしてただ一人の父として、天の父を求めます。聖フランチェスコに

★環境保護の聖人
フランチェスコは、一九七九年十一月二十九日、教皇ヨハネ・パウロ二世によって環境保護の守護聖人と宣言された。

ははっきりと宗教的な世界があり、超自然的な世界があって、ある意味においてこれ以外の部分は捨てるべきであると考えていました。本当の意味はこの世界にはないと考えていたんです。

彼にとっては、超自然の世界が本当の世界です。もちろん周りの世界も認めるのですが、すべては神様によって創造されたもので、すべてのものは兄弟と姉妹であると考えていました。シンボルと言いましょうか、彼はすべてのものの中に神的なものを見ていました。なぜかと言うと、永遠の神はこの地上のものを私たちのためにお創りになったのですから。超自然の世界に比べて、地上は下の世界と言えましょうが、しかしそこにも神的なところがあるのです。「太陽の歌」**(⇒コラム⑧)**では、すべて神が創られたものであると言われています。このことは、フランチェスコの中ではっきりしています。彼は神様と地上のものの

コラム⑧

「太陽の歌」

「被造物の賛歌」とも呼ばれるこの詩は、一二二四年の秋に、フランチェスコがサン・ダミアノのクララ会修道院側の庵で、修道女たちの看護を受けていたときに詠んだものである。当時学問や詩歌の世界で用いられていたラテン語ではなく、フランチェスコが生まれ育った中部イタリアのウンブリア地方の日常語が使用されている。

一二二四年に詠まれた部分は自然への呼びかけで終わっているが、二年後の一二二六年に、「ゆるし」と「死」についての二節が付け加えられている。「ゆるし」の句は、司教と執政長官を和解させたときのものである。このときかれはアッシジの司教館に病躯を横たえていた。「死」についての句は、死を目前にしていたときのもので、死去することになるポルチウンクラ（天使の聖母教会）で詠まれたものと推定される。

フランチェスコは、この詩の中で、全能にして慈悲深い神を賛美し、また、神の創造物である自然界に、この賛美に加わるよう呼びかけている。自然界の中で最初に挙げられるのは太陽であり、その後に月、星、風、天候、水、火、大地が続いている。それぞれが持つ特性を挙げ、太陽、風、火を兄弟、月、星、水を姉妹、大地を母、姉妹と呼んでいる。

「ゆるし」の句では、神の愛のゆえに他者をゆるす者を神を称える者、と呼んでいる。「死」についての句では、死に対して、神が創った被造界と同じように、姉妹と呼びかけている。

間にあるつながりを見ています。神様と地上のものは、離れたものではなく、神は今でも、ここにいらっしゃって、すべてのものに意義を与えている、と考えていました。

現代的な私たちはその二つの世界を切り離して、そこにつながりを見ていません。しかしこの点がフランチェスコの一番すばらしいところだったと思いますが、彼はすべてのものに神的なところがあり、そこにこそ本当に存在の意義があると考えていたんです。

◇フランチェスコの現代的意義

ピタウ　そしてそれは、すぐ平和の問題につながります。フランチェスコは、すべての人間は神から創られたものですのに、どうしてお互いに戦争をやっているのか、戦争をしても意味がないのではないか、と考えます。

　この中部イタリアでは、当時都市国家が互いに戦っていたわけですが、彼はどれほど、みんなの平和を守るために働いたことでしょうか。おそらくいまフランチェスコが生きていたならば、イラクにもアメリカにも行って、双方の真ん中に立って、話し合うようにさせたと思います。彼にとって戦争は神の創造に反するものです。みんな同じ神に創られたものなのに、どうして戦っているのか、と呼びかけることでしょう。有名な話ですが、イタリア中部で平和のために働いただけではなくて、彼はイスラム教の人たちとも話し合って、戦争を防ぐために働いたのです。

　彼は、本当の意義は神だけに、本当の父親の中にだけあるのだから、金あるいは富に対して、あるいは世間的な喜びに対して距離をおきたいと考えていました。フランチェスコの実の父親の願いは、息子を商売人にし、金持ちにして、それによって名誉、権威をもつということだったのですが、フランチェスコはそれらを捨てて、キリストの貧しさを選びました。キリストの貧しさこそ、彼が一番模範にしたところでしょう。そしてそれは、この世界から離れていくことでした。当時はいろんな修道会があり、そしてだんだん富を持ち始め、それによって力も持つようになっていました。

私はここにも何か現代的な意義があると思うのです。私たちは、物をもつ喜びしか考えていません。親たちは子供たちに物を与えますが、自分たちを与えることはしません。フランチェスコによれば、全部捨てなくてはなりません。彼は父親からいただいたすばらしい着物を貧しい人々に与えて、自分は貧しい人たちの服を着ました。

彼は、本当の喜びは所有にはなく、かえって人に与えるところに喜びがあり、もう少し質素にして、もう少し物を捨てることによって喜びが得られると考えたのです。そこにたぶん、京都の明恵上人といろいろ同じ点があると思います。なぜそれをやったのでしょうか。彼にとってはキリストが模範でした。キリストが貧しさを選んだのだからこそ、自分も貧しくならなければならない、そしてそこから本当の喜びが生まれる、と信じたんです。この貧しさは、彼の恋人のようになりました。フランチェスコほど喜びに満ちた聖人はいなかったかもしれません。

彼はもちろん、当時の教会の実状を見て、それに反対しているのです。しかし反対するために、教会の外に出て新しいものを作るといった誘惑は一度も感じませんでした。司教とか枢機卿などは腐敗していたかもしれませんが、しかし彼はいつもかれらの持っている正当な権威を認めるのです。そして彼らと協力します。彼らの共感を得なければ、絶対に何もしませんでした。

社会を改革するために、その社会を破壊して、まったく新しいものをつくる、ということをしませんでした。その中から新しい精神をつくりあげるということを考えるのです。教会を立て直すためには、教会の内側からその精神的なものを盛り上げなければならない、と思っていました。そこは明恵と同じ考え方だと思います。

改革を遂げるためには、ひとりではなくて、共同体を作らなければなりません。友だちといっしょに働かなければなりません。自分が一番小さいものとなって、みんなと協力するのです。これがフランチェスコの考えでした。それは仏教にもよく見られます。彼は祈っているとき、キリストの声を聞きました。そして、キリストのことばにしたがって、いまの教会を立て直したいと思ったんです。キリスト教ですから、当然キリストが祈りの中心になります。そしてその祈りの世界が、彼の神秘的な体験★に現れるんです。

現代でも、キリスト教的な版画を作った日本人で渡辺禎雄《さだお》さんという方がいます。この人の作品の題材は、ほとんど旧約聖書と新約聖書だけなのですが、例外的に、アッシジのフランチェスコの場面だけはよく描いています。渡辺さんはキリスト教的な背景とか、美術の背景とか、もちろん知っていたのでしょうが、しかしキリスト教の聖人の中で描いたのは、ただアッシジのフランチェスコだけです。

フランチェスコは日本人の心にも一番近いかもしれません。自然と平和を愛する心、そしてその神秘的な背景などです。アッシジでも何

★神秘的な体験
フランチェスコは、サン・ダミアノの教会で、十字架から話しかけるキリストの声を聞き、また一二二四年にはラ・ヴェルナ山頂でキリストの五つの傷（胸と両の手足）をその体に刻印される（聖痕）など、種々の神秘的体験を持った。（ジオット画）

か彼の周辺にふれたいという日本人をたくさん見かけます。キリスト教と仏教には、その伝統において近いところがあると思います。その点で協力できればすごくありがたいですね。

◇信仰体験と学問

ピタウ　ところで、改めてフランチェスコが人間の体をどう見ていたかということは、非常に興味があります。実際にフランチェスコが書いたものが——書き取らせたものですが——残っています。その中にかなりの頻度で「体」★という言葉が出てきます。また「肉」という言葉もあります。フランチェスコの場合、「体」と「肉」は同じ意味を持っていますが、一つ二つの例外を除けば、「体（肉）」というのは、身体的な体を通して出てくる「自我」を意味しています。「体をいじめ

★**フランチェスコにとっての「体」**
フランチェスコは、書き物の中で、神のみ旨に反して考え、欲し、行動する自我を、しばしば「体」あるいは「肉」と表現している。この自我追求的「体」の欲求は物理的な「肉体」の中に現れると考えている。

る」という表現があるんですが、そこで言われている「体」は自我、つまりそれを通して欲望のいろんなものが出てくるという意味での体です。彼は体そのものを悪いものと考えたわけではないんです。ですからフランチェスコの場合は、精神と肉体を分けて考える、いわゆる二元論的な考え方は弱いと考えられます。

それから、自然を大事にするのは、神が人間となったということ、神がその創られたものと同一化したのだということから、すべて創られたもののなかに神を見ていたからなのです。当時、カタリ派★という思想があって、物質は悪で、見えないものが善だという極端な二元論を展開していました。そういう時代の中で、フランチェスコがはっきりと自然すなわち物質は良いものであると言っているのは非常にめずらしいと思います。

★カタリ派
現在のブルガリアで起こり、十一世紀から十二世紀にかけて西ヨーロッパに伝わり、十二世紀から十三世紀にかけて南フランス、中部イタリアおよびライン川流域で隆盛を極めた思想である。極端な二元論の立場から、見えないものは善、見えるものは悪であると主張した。神にも善神と悪神があるとするカタリ派の人々はキリスト教徒であると自認していたが、その教えの内容はキリスト教とは相容れないものであった。

アッシジのフランチェスコは、明恵のように学問をした人ではありませんでした。聖書の言葉も、教会のミサとかほかの典礼の中で聞いて覚えたというところがあります。ここアッシジの町の教会で読み書きは勉強したんですが、それ以上に聖書を特別に勉強したことはありませんでした。もちろん聖書を読んだでしょうが、聖書についての考え方などは、むしろ信仰の体験から出発したところが多いと思います。

当時はスコラ神学★がもう起こっていますが、フランチェスコの書いたものをよく読みますと、スコラ神学的な用語がないのです。むしろそれらのつくる体系への恐怖心があると思います。フランチェスコは、まだ、アウグスティヌスに代表される教父神学的な雰囲気と精神的な土壌の中で生きていて、体系よりも心や実践を大事にしていたということは非常に特徴的だと思います。

★スコラ神学 十一世紀の末頃から西ヨーロッパに起こった神学理論である。アウグスチヌスに代表される教父神学が実証的傾向をもつのに対して、スコラ学は思索的傾向を有している。十三世紀の最盛期になると、トマス・アクィナス、ボナベントゥラ・フィダンツァなどのような優れた学者が現れる。スコラ神学における最も優れた学者といわれるトマスは、スコラ学にギリシャの哲学者アリストテレスの哲学理論を導入した。

しかしフランシスコ修道会（⇒コラム⑨）を創立なさって、その中にすぐいろいろな偉い神学者が出てくるんです。聖アントニオ、聖ボナベントゥラ、スコトゥスなどが出て、フランシスコ会学派が興ります。そして、その伝統に従ってすばらしい大学を作って、そこで研究をしました。ですから、けっして聖フランチェスコは学問には反対していません。かえって後のフランシスコ会員が勉強するようにしたのです。聖アントニオは、当時としては自然科学者とも言えると思います。

「学問のないものは学問の習得を望んではならない」という聖フランチェスコの言葉があります。でもほかのところでは、アントニオに「あなたは私の弟子たちに神学を教えなさい」と言っています。よく文脈を研究してわかることは、フランチェスコが学問ということに対して、時には懐疑的であったということでしょうが、言いたかったのは、自

コラム⑨

フランシスコ修道会

フランチェスコが創立した修道会は「小さき兄弟会」と呼ばれる。その後「小さき兄弟会」には十四世紀に改革運動が起こり、やがて「共同体派」と改革派であるオブセルヴァンテス（会則厳守）派の二つの流れが生まれた。共同体派が主流であったが、時間の経過と共に、改革派が優勢になっていった。オブセルヴァンテス派以外にも、幾つかの改革派が生まれた。

一五一七年、教皇レオ十世の裁定によって、小さき兄弟会は、共同体派の流れを汲む「コンベンツアル小さき兄弟会」と「オブセルヴァンテス小さき兄弟会」に分割され、教皇は後者に優位性を与えた。その後、「オブセルヴァンテス小さき兄弟会」では様々な改革運動が起こり、それぞれの名前を持つ改革派が生まれた。

一五二五年、改革派の一つであるカプチン派がオブセルヴァンテス小さき兄弟会から分離し、一六一九年には「カプチン小さき兄弟会」として独立した修道会となった。一八九七年、教皇レオ十三世は、「オブセルヴァンテス小さき兄弟会」内の種々の改革派を統合して、「教皇レオによる小さき兄弟会」（または単に「小さき兄弟会」）とした。

現在、小さき兄弟会には、「コンベンツアル小さき兄弟会」、「教皇レオによる小さき兄弟会」（単に「小さき兄弟会」）および「カプチン小さき兄弟会」という三つの独立した修道会がある。三修道会とも、フランチェスコが書いた会則を生活の規範にしているが、それぞれ異なった会憲を持っている。日本では「教皇レオによる小さき兄弟会」はフランシスコ会、「コンベンツアル小さき兄弟会」はコンベンツアル・フランシスコ会、「カプチン小さき兄弟会」はカプチン・フランシスコ会と呼ばれている。

分の弟子であるあなたたちは、学問を立身出世の具にしてはならないということでした。学問というのは、神と人間に奉仕するためのものだということですね。

◇神の贈りものとしてのクララ

ピタウ　もう一つ、さきほど、明恵上人のことで、いわゆる異性との関係ということがあるのですが、フランチェスコの場合も、あまり重要ではない伝記の中に、二つのエピソードがあります。一つは、彼もいわゆるセクシュアルな欲望にさいなまれたのです。その時にバラの中に裸になって飛びこんだというのです。これは伝説ですけれども、その時からこのバラには棘がなくなったと言われています。そのバラがいまも代々続いていると言われています。

もう一つは、やはり同じように、欲情に苦しんだ時に、雪の中にいくつかの像を作って、これがお前の妻で、これがお前の子供だ、なぜ早く着物を着せないかと、自分に言い聞かせたというのです。そういうエピソードはあります。

クララ（⇓コラム⑩）との関係は、もちろん、性的な世界ではないのですが、クララは彼にとっては本当に神様からの贈り物であると映っていました。そしてこんなに綺麗なものに会ったことはないと感じていました。本当にすごい関係です。それは神秘的な一つの体験です。彼は少なくとも性的なあこがれとか、性的な経験に対するあこがれはありません。キリストとの一致は、すべてのそのような関係を否定します。フランチェスコとクララの間におけるような昇華された関係には、この世界では、聖人でなければおそらくそこまでは至れないと思いま

★クララ（ジオット画）

コラム⑩

クララ

フランチェスコの女性の弟子であるクララは、アッシジの貴族オフレドゥッチ家の長女として、一一九三年もしくは九四年に生まれている。オフレドゥッチ家は由緒ある家柄で、シャルルマーニュに連なる家系といわれている。父はファバローネ・デ・オフレドゥッチで、母親はオルトラーナである。クララは長女で、アグネス、ベアトリーチェとベレンダの三人の妹がいた。母と二人の妹も、クララと同じく修道生活に入った。

一一九九年から一二〇〇年にかけ、アッシジでは市民共同体と神聖ローマ帝国を支える封建貴族の間で抗争が起こり、争いに敗れた貴族たちは隣接する都市国家ペルージアに亡命する。ペルージアは長年アッシジと敵対関係にあった。この時、幼女であったクララも家族とともに亡命している。

一二一一年もしくは一二年に、フランチェスコの指導の下に修道生活を始めた。クララが何時頃からフランチェスコと面識を持つようになったか定かではないが、修道生活に入る二年前また三年前と推定される。両者の年齢差および身分差を考慮に入れると、それ以前に面識を持っていたことは不可能と思われる。

髪を下ろして修道生活を始めたクララとそのいとこのパチフィカを、フランチェスコは近くの女子修道院に預け、間もなく、サン・ダミアノ教会の側の修道院に住まわせることにした。既にクララの次の妹のアグネスが加わっていた。こうしてクララ会が誕生する。

一二五三年八月十一日、サン・ダミアノ修道院で亡くなり、一二五五年聖者の列に加えられた。多くの手紙を書いているが、その中で、プラハのアグネスに宛てた四通とブルージュのエルメントゥルードに宛てた一通が残っている。

す。

女性に対してのフランチェスコの態度は、当時の騎士道に非常に影響を受けています。ですから、クララはもちろんフランチェスコより身分も上でしたけれども、彼はクララを、キリストの配偶者として見ています。キリストに仕える騎士としてのフランチェスコにとって、クララや女性たちは、恋愛の対象ではなくて、忠誠をつくす対象でした。

◇詩人・聖フランチェスコ

ピタウ　なお、ユーモアという点は、フランチェスコの伝記を読むかぎり出てこないですね。ただ、ちょっと皮肉っぽいユーモアというのはあるんです。例えば、仕事もしないし、托鉢にもでかけない者に、「お前たちは兄弟蠅だ」と言ったりしています。もちろんユーモアはあったのでしょうけれども、当時の伝記の中ではユーモアを載せるということはなかったのでしょう。またこれはフランチェスコの伝記の中には出てこないのですが、彼の弟子でエジディオという有名な人が書いたものの中にこういう話があります。フランチェスコは怠け者を兄弟蝿と呼んでいますけれども、物質的なことだけに関わって、精神的なことをないがしろにする人をせっせと働くだけの蟻にたとえています。ですから彼の動物の見方もおもしろいです。

ともかく、フランシスコ会に、聖書研究の一つの伝統があるということは事実です。ここアッシジに聖ルフィノ教会という教会がありましたが、そこの神父たちが、いわゆる寺子屋を開設して、当時はラテン語で、読み書き、算数を教えていました。その時の読み書きの教科書が旧約聖書の「詩篇」だったと言われています。ですからフランチェスコの書き物の中には、「詩篇」の言葉がよく出てきます。

フランチェスコは非常に芸術的な感覚を持っていた人です。ですから詩人でした。こういう話があります。フランチェスコはここアッシジから弟子を連れて、会則と自分たちの生き方を許可してもらうために、インノセント三世★という非常に高名な当時の教皇のところへ行きました。教皇の前に出ると、彼はある王様と女性の話をしました。王様が一人の女性をめとって子供ができたが、その女性と子供たちは砂漠に住んでいた。ある時、母親が子供たちに、あなたたちの父親は王様なのだからそこに行きなさいと言った。子供たちが王宮に行くと、王様は自分の子供たちが来たといって、大事に取り扱った。フランチェスコは教皇にこう言います。じつはこの王様というのは天の父、貧しい女とは彼自身で、子供とは周りにいる弟子たちのことであると。そ

★インノセント三世　在位一一九八～一二一六年。教会史上卓越した教皇の一人に数えられ、キリスト教界の精神性と教皇庁の政治力を高めた教皇。三六歳で教皇となったインノセントは優れた政治家であったが、それ以上に深い霊性と強い信念を持つ宗教家で、教会の刷新を目指し、信徒、修道者及び聖職者の精神生活を向上させるために尽力した。（ジオット画）

して教皇に向かって会則と生活の規範の許可を与えてくださいと願います。これを聞いて、教皇インノセント三世は非常に感動したと言われています。

晩年に「太陽の歌」という詩を作りますけれども、それ以外にも、大きな木の枝と小さい木の枝をバイオリンみたいにして弾きながら、歌を歌っていたという話も出ております。

それから、イタリアでイタリア語が生まれたのは、聖フランチェスコの歌からです。「太陽の歌」はここアッシジがあるウンブリア地方の方言で書かれています。ダンテももちろんイタリア語で書きますが、フランチェスコより百年後のことです。

◇「小さき者《ミノーレス》」として生きる

ピタウ　他方でこんな話もあります。ボローニアは学問の中心でしたが、その当時のボローニアの管区長が、学生修道者のための大きな家を造りました。すると、フランチェスコはその上に上って壊そうとしました。というのは、フランチェスコは、もうすでに自分の弟子の弟子ぐらいの中には、学問をしたいのではなくて、教会の中で偉くなりたいという不純な動機をもつ者もいることに気付いていました。ですからそれではいけないんだということを見せたかったのです。フランチェスコは、つねに彼自身の表現で「小さき者《ミノーレス》」という言葉を使うのですが、それは富と権力と名誉を否定するという意味があります。

フランチェスコの場合は、修道会を作ろうという意志はなかったと言われています。彼を慕い、その生き方に共鳴する者たちが自然に集まってきたということらしいですね。とは言え、アドバイザーがいました。ウゴリノ・セーニという枢機卿――後の教皇グレゴリオ九世――が、フランチェスコを非常に守ってくれました。フランチェスコがあまり通じていなかった教会法などについてアドバイスを与えたと言われています。

いつも「小さき者《ミノーレス》」ですが、いまでも、彼の弟子であるフランシスコ会員はフラティ・ミノーリ（小さき兄弟会員）と言われます。フランチェスコはいつも一番下にいることを望み、そしてそのためにも、彼自身は司祭になりませんでした。フランシスコ会員がたくさん司祭になり始めるのは、教皇庁がなるべく司祭にするという方針を採ったからで、フランチェスコとしては教皇庁がおっしゃることだからと従ったのです。

◇教会は「母親」のようであれ

ピタウ　改革を考える人は、まず第一に何かを破壊してからだと思いがちです。しかしフランチェスコにはそれがありません。彼は、私も教会であるから、私から模範を与えなければならない、と考えます。その意味でも現代的なところがありますね。フランチェスコは、教会のことを「母なる教会《マーテル・エックレジア》」と呼びます。だから老いた、傷ついた母を鞭打つというのは、正しいことではない、というのです。老いておれば、病んでおればこそ、ちゃんと支えて治すべきじゃないかというのがフランチェスコの考え方です。本人が改革者になろうという意志はないんです。でも結果的には、彼の生き方を通して、当時の社会とか教会に改革が起こります。

さきほど、河合先生が、明恵上人はお母様との関係を非常に大事にしていたとおっしゃいました。じつはフランチェスコの書いたものを読みますと、母親、母性というのが非常に強いのです。フランチェスコは、修道会の中で責任ある立場に立つ人たちは母親のようでなければならないと言います。父親ではないんです。父親はだれかというと、神なのです。フランチェスコと母性との関係は、研究の余地がまだあるだろうと思われます。ですから現代の心理学などを応用しながら、そのあたりの解明をしていく必要があるだろうと思います。

フランチェスコの書き物の中に、上に立つものは母が子を養うような形で自分の配下とか、その中にいる人たちに接しなければいけないという言葉があります。フランシスコ会では、総長は「ミニストロ・

ジェネラーレ」というのです。すべてのものを保護し、彼らに給仕する人を意味します。ドミニコ会では「マエストロ・ゼネラーレ（先生）」と呼びますし、イエズス会でも「プレポジート・ジェネラーレ（上に置かれている、立たれているお方）」と呼ばれます。フランシスコ会では奉仕する、また親のように養うという意味があります。ちょっと教会全体の中にも新しい空気、新しい雰囲気を入れたということですね。

　フランチェスコのお墓のちょうど入口のところにプレートがありまして、そこにジャコマ夫人★の墓があります。プレートには「ローマの貴婦人、フランチェスコを尊敬していたジャコマ夫人、ここに眠る」という言葉が書かれています。その人とも友情をもっていました。ですからフランチェスコが深い友情を持っていた女性は、女弟子のクララと、そしてジャコマ（古いイタリア語でヤコバ）夫人だったと思います。

★ジャコマ夫人
クララと並んで、女性として フランチェスコと深い親交を結んだジャコマ夫人は、ローマの由緒ある貴族フランジパーニ・セッテソーリの未亡人であった。若くして寡婦となり、フランチェスコの指導のもとに、世俗にありながら宗教生活を送り、二人の男児を育てていた。何時からフランチェスコと面識を持つようになったかは、詳らかではない。フランチェスコの臨終に立会い、後年はアシジに住み、死後、フランチェスコが眠るアッシジの聖フランシスコ教会に葬られた。

3 戦争の時代のなかで

◇平和のために働いたフランチェスコ

ピタウ　話題が少し変わりますが、自然科学ですべてのものが解決されるかと言うと、現代ではそうではないんですね。例えば、テレビにはいいところもたくさんあります。しかしテレビの奴隷になった者は多いんです。主に子供たちに多いですね。夢を見るとか、詩を書くとか、芸術的なことは、テレビだけではだめですね。

河合　テレビの方がちょっと先取りをしてしまう。その人の心の内面的な動きをぱっと取ってしまうから、すごくやりにくいですね。

ピタウ　戦争に関する言葉で、私が一番嫌いな言葉は、インテリジェント・ボムズです。「利口な爆弾」という言葉には、心が痛くなります。技術は人を殺すために発展させるべきではないんです。それこそ本当に、精神的な世界も宗教的な世界もある十二世紀あるいは十三世紀に戻らなければ、いまのいろんな問題は解決できないと思いますね。

いま、イラク戦争の中で毎日一人でも殺されたら大きな記事が出ますが、アフリカで毎日何千人殺されても、だれも何も言いません。人間の尊厳を考えればこれはとてもおかしい、と思います。どうしてフランチェスコは平和のために働いたのでしょうか。みんな神の子供であるから殺してはいけない、イスラム教であっても、カトリックであっても、兄弟である、という信念を持っていたからです。

たとえばコンゴでは、およそ四、五年のあいだに三百万人ぐらい殺されたのです。でも世界の新聞にほとんど何も出ませんでした。イラクでもひどい戦争だったのですが、しかし何千人ですね。結局、黒人だったら価値がなくて、イラク戦争ではアメリカ人が入るから国際政治の問題になるんです。しかし本当に人間を宗教的なあるいは哲学的な面から、あるいは本当の人間の尊厳を考えるならば、このような隔たり、相違はないはずですね。けっしてアメリカの人間とかイラクの人間とかで、差をつけないはずです。

河合 あの当時、聖フランチェスコは平気でイスラムへ入っていかれますね。すごいことです。また、ふつうだったら殺されそうに思いますが、向こうもちゃんと送り返してくるでしょう。

ピタウ　イスラムのスルタンが言った言葉で、多くのフランチェスコがいれば戦争はないという言葉があります。そういうところは、フランチェスコは本当に偉かったですね。そして自分では偉いと思っていなかったから、自由がありましたね。

★スルタンと面会する聖フランチェスコ（ジオット画）

◇奇蹟とは何か

河合　十三世紀の初めですから、聖フランチェスコの場合は十字軍の時代ですね。明恵も鎌倉時代で、戦いの時代です。戦いがあって、それと同時にキリスト教の中でも仏教の中でも改革の動きもものすごく動いているというので、それも非常によく似てるということですね。

しかも、教会の外に出るのではなく、内面的に変革するんだけれど、他のだれかが間違っているとかおかしいとか言わないところも本当によく似てます。それとどちらにも奇蹟的なことがよく起こる。こういう、奇蹟のこととか何かは、現代の人はどういうふうにとらえていますか。例えば、いまの若者たち、それからフランチェスコ会の中で、いろんな奇蹟のことを、どんなふうに受けとめていますか。

ピタウ　根本的にはカトリック信者は奇蹟（⇒コラム⑪）を認めます。でも昔はちょっと不思議なことがあれば奇蹟とされました。現代でも奇蹟が認められることがあり、それは神の特別な愛の示し方だとされています。

マザー・テレサの例ですが、彼女は列福されました。列福というのは福者として認められることで、福者は英語で blessed です。そして列聖されて、聖人（Saint）と認められます。マザー・テレサの列福の場合、条件として、彼女への祈りによって奇跡が行われたかどうかが問

コラム⑪

奇　蹟——カトリックの場合

カトリック教会では、自然の法則を超えて、神の介入によってなされる事柄を「奇蹟」と呼んでいる。奇蹟は特に病気の治癒において起こっている。

教会によって奇蹟として認定されるためには、科学的に検証され、それが医学的処置や薬品によって引き起こされたものではなく、自然を超えた力によって起こったものであることが証明されなければならない。科学的検証は、信仰を持つカトリックの神学者および科学者、カトリック教会以外のキリスト教の科学者、キリスト教以外の科学者によってなされる。

カトリック教会では、長い歴史の中で、深い信仰の持ち主で、徳を英雄的に実行した者や信仰のために命を捧げた人々を聖者に列してきた。尊敬に値する者、福者、聖者の段階がある。福者に列することは列福、聖者に列することは列聖と呼ばれるが、信仰のために命を捧げた者（殉教者）以外の人が列福または列聖されるためには奇蹟が必要とされている。

なお、十九世紀半ばに聖母マリアが出現したフランスのルルドにおける治癒の奇蹟が良く知られている。

キリストの聖痕を受けるフランチェスコ（ジオット画）

題になりました。今回はひとりのイスラム教徒のインド人の方が奇蹟的に急に癒されるということがありました。

治癒の奇跡が起こった場合、まず医学部の先生方の委員会がそれを調べます。その出来事が科学的に、すなわち、病気は薬を飲んで、あるいは手術を受けて治ったのではないか、いや、そのようなことではなく、自然的には説明できないことであるのではないのか、ということが調査されます。わりあいに長い調べがあるんです。

河合　聖フランチェスコの伝記を読んでいて、あの当時から、そういうのをちゃんと調べて、徹底的に残していこうというようなところは日本とだいぶ違いますね。例えば聖フランチェスコの聖痕にしても、だれがどう見たのか、だれがどう言ったかというのを誓いをたてて証言したのがちゃんと残っているでしょう。ああいう精神は日本はないですね。みんな、ああそうかというので、喜んでしまうんだけれど。

ピタウ　あの当時、やはりいろいろな利益のためとかで、事実を隠してしまうこともありましたから、カトリック教会では奇跡についての調査はわりあいにきびしいですね。でも奇蹟はありえます。

河合　私もありうると思っています。それから、聖フランチェスコが手紙を書いたら、ジャコマがくるでしょう。ああいうのは現代でも本当にあります。私の場合は、そういう死ぬか生きるかの瀬戸際にいる人たちにお会いすることが多いですから、ああいう話はたくさんあります。本当に不思議ですけれど。しかしあって当たり前のことかもしれませんね。われわれのこの世界を説明する、一つの非常に信頼できる体系として、自然科学の体系がある。それは一つの体系であって、これがすべてだと思われるから非常に困るんです。自然科学では説明できないけれど、それとは違う事実があると、本当に私は思います。

ピタウ　病院でもよく見られますね。薬とか手術とかで治せない場合でも、一つの愛の暖かさによって治ることがあるのです。自分の体にもいろんな影響があるでしょうね。そこで自然科学と自然を超えた超自然が両立すれば一番いいと思いますね。

河合　そうです。私は両立すると思ってますけれども、単純に考える人は、相反するように思ってしまう。ますます私は両立する方向に向かっていくと思います。私の場合は、たんに奇蹟とかだけじゃなくて、次のような例によって説明しています。自分の愛している人が交通事故で死んでしまったと。そういう人は抑鬱症になりますから、その人がわれわれのところへ来て、私の愛する人はなぜ死んだんでしょうと聞いたときに、いや、それは出血多量ですとか、頭蓋骨損傷ですとか言ったら、これは自然科学の説明なんですね。その説明はなんにもその人を救わない。そのときに、その人が訊いている私の愛する人がなぜ死んだかの説明は全然しないですからね。その人の個人の人生の説明というか、それをちゃんとできる……。これは宗教が応えるわけですから、そういうふうに言えばものすごくわかりやすいと思うんです。

◇「私の姉妹」としての死

ピタウ　フランチェスコの場合は、死ということを非常に大事に考えています。このホテルの下の方に大きい教会がありますが、昔は非常に粗末な家があって、そこでフランチェスコは死ぬときに下着だけにしてもらいました。そして木灰をかけてもらいました。自分は何も持たないということを示したかったんです。死というものを、「私の姉妹★」という言葉でもって表現して、「よくやって来た」という言い方をしました。もちろん人間ですから、死はこわかったと思うのです。それを克服して、死とは、自分が主君として仰いだキリストのもとへこれから自分を連れていってくれる、よき伴侶だというふうに考えました。いま死というと、非常にみんな嫌がりますけれど、彼の死に対する考え方は、現代人にとっても大きな示唆になるのではないでしょうか。

河合　明恵の場合も聖フランチェスコの場合も、自分の死期を知っていて、あれもすごく見事ですね。明恵の場合は、「大海のほとりに大盤石の岩がそびえ、草木花果が繁茂している景勝の地を、大神通力をもって、ぬき取り、自分の住居の傍に置く」という夢を見て、「来世の

★死は「私の姉妹」　フランチェスコは何も持たないこと、自我追求的自己からの解放を信条としていた。かれはこれを「貧しく生きる」ことおよび「小さき者として生きる」ことであると考えている。かれにとって、死は自分を完全に貧しくし（清貧）、解放してくれるものであった。そこで、親しみを込めて、「姉妹である死」と呼んだのである。因みに、「太陽の歌」では月、星を姉妹、大地を姉妹および母、太陽、火、風を兄弟と呼んでいる。

果報を現世につぐ」のだと考え、これを「死夢」**（⇓コラム⑫）**であると判断したのです。

ピタウ　フランチェスコは二年ぐらい前に、だいたい死ぬ時を示されたと言われています。

河合　そうですね。示されて、それに対してずっと向かっていった。これも現代人にとってはすごく大事なことで、私はよく現代の人に話をするときに言うんです。皆さんはいかに生きるかばかり勉強しすぎて、いかに死ぬかの勉強を一つもしてないから困るんだと。

ピタウ　一九八一年にヨハネ・パウロ二世が日本にいらした時に、日本武道館で高校生との対話がありました。多くの高校生はそのとき大学入学試験勉強をしていたので、ヨハネ・パウロ二世は、がんばってください、でも忘れないでね、死ぬ時にもう一つの試験があること

コラム⑫

「死夢」

病状が悪化した五十九歳のおり、明恵は次のような夢を見る。

> 大海ノ辺《ほとり》に大磐石サキアガリテ高クソビヘ立テリ、草木花菓茂鬱シテ奇麗殊勝ナリ、大神通力ヲモテ大海ト共ニ相具シテ十町許リヲヌキ取リテ、我ガ居処ノカタハラニサシツグト見ル、此ノ夢ハ死夢ト覚エ、来生ノ果報ヲ現世ニツグナリ。

明恵の好んだ白上の峰を思わせ、かつそれ以上に素晴らしい景色を、神通力で運んできて、自分の居処の傍に置いたゆえ、既に死ぬ準備はできたと考えたのであろう。次に住むべき所が夢の中に提示され、これを「死夢」と判断しているのは興味深い。

因みに、心理学者ユングも死ぬ少し前に、似たような夢の体験を弟子たちに告げている。興味深い一致である。

を、と言いました（笑）。いい人間であったかどうかが問われるんです。ヨハネ・パウロ二世は簡単に言うんです。人間としてどう死ぬかを忘れないで、いいね？と。

河合　それが典型的に出てくることとして、高齢者になった方が試験の夢を見られます。大学を卒業して、ちゃんと仕事もしてきているのに、急にまた大学の入試を受けるんだけれど、準備ができてないとか、それから入試に行ったら時間に遅れたとか言うんで、「あんた、もういっぺん試験があるのを忘れてるからや」と、よく言うんです。それは本当によく出てきます。

ピタウ　イタリア語で姉妹というのはソレッラ（sorella）と言います。ソレッラというのは非常にやわらかい語感で、ほんわかとした響きなのです。ですから「ソレッラ・モルテ sorella morte（姉妹なる死）」

というのは、こわいという感じではないですね。親しみがあります。もう一つ、イタリア語で、「ポヴェレッロ・ダシジ poverello d'Assisi（アッシジの小さい貧しい者）」と言うと、何か親しみがあります。ポヴェレッロというのは「小さい貧しい者」という意味なんですけれども、何か親近感があります。フランチェスコをこのように呼ぶのです。

いまは違っていると思いますが、昔だったらほとんどのイタリア人の家には聖フランチェスコの絵があったんです。私も最初に知り合ったのはフランチェスコです。イタリア人にとって何かすごく親しみがありますね。

ところで、フランチェスコがなぜ死を「私の姉妹」と言ったか。フランチェスコの根本的な思想は自我から完全に脱却するということですね。ですから物からも、自我からも、権利欲、名誉欲からも脱却する。死はそれを完成してくれるもの、自己脱却を完成してくれるものと見ていたのではないでしょうか。

河合 そうですね。だから完成されるようにがんばっていかなければいけない。たしか明恵の場合も、彼の夢のなかで、この世界から次の世界に行って住むところが完成されたという感じですね。完成されたので、もう行くのだという。同じことだと思いますけれども。

ピタウ それとフランチェスコの死後の言い伝えが非常に興味深いですね。死んだところはまだ田舎で、亡くなった次の日に、このアッシジの町から町の主だった人たち、市民たちが、フランチェスコが亡くなったということでそこまで迎えに出たのです。迎える歌を歌いながら葬儀のために来たのですが、だれも悲しまなかったということを書いてあります。もちろん、弟子たちにとっては悲しいことだったと思うのですけれども、フランチェスコの生き方が、人間に死の時にさえ喜びを与えたという、めずらしい話です。

河合　ああ、そうですか。明恵の場合は、かぐわしい匂いがずっと遠くまでしていったという話がありますね。

ピタウ　アッシジの市長も、ある場合にはキリスト教徒でないこともあります。しかし聖フランチェスコのことだけは、本当にみんな大切にするんです。共産党であっても、聖フランチェスコに対してはみんな何でもやってくれます。町としてその雰囲気があります。町じゅうに教会とか、修道会とかがいっぱいありますね。練成会とか、私たちの言う黙想会とか、そのようなもののための家がアッシジには多くあります。もともとカトリック信者のためのものですが、プロテスタントもよく来るし、またキリスト教以外の宗教の信者や一般の人々も来るんです。

◇フランチェスコの目で見た現代社会

ピタウ　二〇〇〇年三月十二日でしたか、ローマのサン・ピエトロの広場で、ヨハネ・パウロ二世が、カトリック信者が二千年の間に犯した罪を認めて、ゆるしを求めるためにいろいろなことをなさいました（一二一頁参照）。回心すること、もとに戻ることを薦められました。

例えば修道会に例を取りますと、小さい修道会では創立者といっしょに生きながら、理想に近い生活をおくっています。しかし大きな共同体になるとむずかしい問題も出てきます。そして大きな組織を保つために、法律もあるし、ほかのこともあります。いつももとに戻らなければと考えなければなりません。そのために、総長とか、それぞれの委員会がありますが、創立の精神を保つことはむずかしいことです。毎日反省して、創立の時代に戻らないと、創立した人の精神を失ってしまいます。現代に生きていたら、フランチェスコはどうなさったんだろうと、それも考えなければいけないですね。

例えば現代は修道者もみんな健康保険などに入ります。昔はそれは金持ちであるという意味でした。いまはみんな入らないと、かえってもっと高くなるということもあるんですね。そこを現代のフランチェスコの後継者は考えて、現代にどうあてはめるか、そのことを毎日毎日やらなければなりません。

フランチェスコの規則の中に、会員は旅行の時に馬に乗ってはならないと書いてあります。でもいまの私たちは飛行機で行きますね。文字面だけを見ますと、どうしても矛盾を感じます。けれども、日本まで歩いて行くわけにいかない。当時は馬に乗るのは上流社会の者です。ですから上流社会人として生きてはならない、庶民とともに生きなさいという意味で、そういうことを書いたと思います。

それと、さきほどの「小さき者」ですけれど、ある時代には、肥大化していろいろなかんばしくないものも出てきますね。でもカトリック教会の姿勢はつねに、貧しい小さな者とともにいるというのが基本理念なんです。もちろん、ヴァチカンのあの大きな建物を見ますと、これが貧しいかと言われることはありますが、本当に末端のところではそういうことを非常に大事にしております。

しかしカトリックで何かすると、まちがうことがあるために、いつも反省していなければならないような欠点もあらわれますね。そこでフランシスコ会でもイエズス会でも、ヴィジタートル（修道会本部から派遣される監査役）がきて、これを直しなさいとか、これをやりなさいといった指摘もあります。でも、必要なのはいつもの努力です。そういうふうにして、現在、私たちもフランチェスコの望んだことを実現する必要があります。そのような毎日の努力がなければ、すぐ低下しますね。

フランチェスコが大事にしていた考え方の中に、「回心」という言葉があります。コンヴァーション（conversion）ですね。それはいまでもカトリック教会全体の大きな考えの一つです。よく使われる言葉です。日々、回心しなければいけない。ミサをはじめる時は、必ず回心を行います。日々もとに戻らなければならないのです。フランチェスコはそこから出発しました。自分のもとに、自分自身に帰ってから出発するのです。自分のやった悪いことを認めて回心します。ただ認めるだけでなくて、これからそれはもうやらないと決心するのです。

ヨハネ・パウロ二世は、二〇〇〇年三月十二日、大きな十字架の前で、主に十字軍のように、政治と十字架をいっしょにし、政治的な権力と宗教が結びついたこと、そして南アメリカやほかのところで、キリスト教を布教するために、押しつけをもって、彼らの自由を奪ったことを認めました。今までは、自分たちは真実である宗教をもっているから、どのような手段を使ってもいいとして、そのことをずっと認めてこなかったのです。しかし、人間はみんな同じであるとすれば、自分の宗教を権力をもって押しつけるということは罪です。そしていま、それをやっと認めました。このような点もフランチェスコはずっと前からわかっていたのです。

現在のイラク戦争でも、ヨハネ・パウロ二世は徹底的に最初から終わりまで、戦争はいけないと言っておられます。みんな兄弟であるからです。国際的な組織がある以上、その国際的な団体を通さない戦争はありえません。そして戦争で解決することは一つもないんです。それをずっと、十年前、十五年前から、湾岸戦争の時から、同じことをくり返しています。戦争をやっても解決にはならない、正義の戦争はありません、と言い続けています。

II 今、宗教と平和について考える

Photo by Ichige Minoru

1　宗教間の対話と協力のために

◇諸宗教間の対話

河合　さて、先に自然に語りかける話が出ましたが、日本人はすぐにアニミズムに結びつけがちです。しかし聖フランチェスコの自然との関係というのは、絶対、アニミズムではないんです。だからそこのところははっきり言っておかないと、みな誤解してしまうので……。ただ、どこが似てくるのかということは言う必要があります。

ピタウ　一神論（⇓コラム⑬）であっても、それは広く、ユダヤ教が

コラム⑬

一神論の相互関係（キリスト教・ユダヤ教・イスラム教）

キリスト教、ユダヤ教、イスラム教はともに一神論であるということに共通の基盤を持っている。しかし、キリスト教には、ユダヤ教およびイスラム教とは大きく異なるものがある。それは三位一体と受肉の信仰である。

キリスト教では、神は唯一であると共に、それは御父と御子と聖霊の三位であり（三位一体の秘儀）、人類を罪と永遠の死から救うために三位一体の第二位である御子が人間となり（受肉の秘儀）、その人間となった神がイエス・キリストであると信じられている。

ユダヤ教とイスラム教は、キリスト教の三位一体と受肉の秘儀の信仰を認めない。ユダヤ教においてもイスラム教においても、イエスは預言者の一人ではあるが、人となった神ではない。

なお、ユダヤ教は、旧約聖書（旧約時代、すなわちキリスト以前に神から与えられた信仰の真理の書）だけを信仰の源泉として認めるが、キリスト教では、旧約聖書に加えて、新約聖書（イエス・キリストが与えた信仰の真理が記されている書）を認めている。イスラム教にとっては、預言者マホメットが大天使ガブリエルを通して与えられたと伝えられるコーランが信仰の源泉である。

あって、キリスト教があって、イスラム教があります。そして私たちのカトリックは三位一体の教理ですが、ユダヤ教とイスラム教はまた別です。イスラム教からは、私たちカトリックは三人の神を信じていると見られますし、またユダヤ教は神が人間になったということを、けっして認めません。でも共通の点はあります。

キリスト教にとって、宣教するとき、場合によって一番大事なのは、伝統的な昔の宗教を認めることかもしれません。現在の自然科学だけを信じている人に、宗教的なものを話すのはむずかしいです。私は二十九年間、日本に住んでいましたが、その間にもう少し日本の伝統を勉強したらよかったと思います。当時はまだ第二ヴァチカン公会議（⇒**コラム⑭**）の前でしたから、あまり勉強しませんでした。

日本でキリスト教について話すとすれば、日本的な背景がないとだ

コラム⑭

第二ヴァチカン公会議（一九六二～六五年）

公会議とは、カトリック教会の司教団が教会全体に対して荘厳な形で行使する会議である。教皇が召集して、全世界の司教が集まり、精神生活の刷新や時代の諸需要に応える教会の方針を決定し、またこれらにかかわる重要な文書を出す。

第一回目の公会議は、使徒たちの生存中にエルサレムで行われた使徒会議（使 一五・一―二九）である。第一ヴァチカン公会議は十九世紀の半ばに行われた。

第二ヴァチカン公会議は、教皇ヨハネ二十三世によって召集され、一九六二年十月十一日に開会し、一九六五年十二月八日に閉会した。閉会したときの教皇は、ヨハネ二十三世の後を継いだパウロ六世であった。この公会議はキリスト教の信仰を現代の人々に理解させるための教会の現代化、カトリック教会とキリスト教諸宗派および他宗教との対話の促進、典礼の刷新など、様々な面で改革を行った。多くの重要な文書を作成し、発行した。

第二ヴァチカン公会議は、二十世紀におけるカトリック教会最大の出来事であった。

めですね。その背景について、当時はあまり勉強しなかったんです。

宣教するに当たって、第一にこれからどこで働くかが大事です。いま、新しい言葉ですが、マルチカルチュラル・レリジョン（多文化宗教）という名前の言葉を使います。まず伝統、歴史、精神的なものの文化の中に入って、キリスト教をある意味で日本的なものにしよう、という意味です。できるかどうかむずかしいですが、そのことが要求されています。もし韓国へ行くならば、韓国の文化をあなたのものにして、そのマルチカルチュラル・レリジョンをあなたの身に入れて、そして韓国へ行きなさい、と言いたいですね。

一番むずかしいのは、おそらくイスラム教とユダヤ教です。ユダヤ教はイスラエルという国家の問題と結びつける人がいますし、イスラム教も宗教と政治、国家が一体となっているため、宗教だけでなく政治の問題が含まれてくるのでむずかしいです。でも、現代では、キリスト教内の少なくともカトリックとプロテスタントの間で継続的な対話★があります。いろんなところで協力もあります。

河合　そういう対話の生き方をちゃんと示した聖フランチェスコの姿は、すごくいま役に立つんじゃないでしょうか。いままではどこでも、まず他人の悪口をいって、自分たちの正しいことを言おうとしましたからね。もうそういうことをやめて、それぞれの話をちゃんと言い、それを聴くことにすると、私はそうとう対話になると思います。

◇国連に正しい力を

ピタウ　様々な宗教の間でも、共同でできる計画がいろいろあるんです。そこから始めないと。例えば平和のために協力しましょう、と。

★**カトリックとプロテスタントの継続的な対話**　第二ヴァチカン公会議以来、カトリック教会とプロテスタント教会の間では、真摯な対話が続けられている。安易な妥協ではなく、真剣に相違点を洗い出し、どこに合意点を見出し、どこで一致できるかを模索している。

Photo by Ichige Minoru

具体的に、教育のため、また社会的な活動のため、例えば移民を助けるため、あるいはほかで地震があったときに、その復興に協力するとか、いろんなところで本当に互いに尊重しながら協力することができます。

一番大切なのは、おそらく人権を守ることですね。知らず知らずにこのような国際機構も強くなりつつありますね。ヨーロッパでも、だいたい五十年ぐらい前まではバルカン諸国の戦争がありましたが、来年から三十五か国がEU（ヨーロッパ連合）に入るわけです。それで戦争はありえません。ヨーロッパの共同体は六つの国からはじまったでしょう（一九五一年のヨーロッパ石炭鉄鋼共同体）。ドイツとフランスは、六百年以上、平和がなかったのですね。ヨーロッパの歴史を見るならば、いまは奇蹟です。いま、西ヨーロッパでお互いの戦争で亡くなった人は一人もいません。大奇蹟ですね。

そして国連に、もう少し正しい組織を与えるべきでしょう。例えば、拒否権をなくすることです。あるいは与えても、六〇あるいは七〇パーセントの国が賛成だったら、拒否権を使うことができないというように。いまは一つの国が拒否権を使ったら、九九・九パーセントの賛成があっても、拒否されます。むずかしいでしょうが、しかし変えないと、国連の力はないのと同じです。例えばいまイスラエルの壁のことで、すべての国がノーの決定を出しても、米国が拒否権を使って、その決定を無効にします。これは明らかに不正です。国連憲章では五つの国に拒否権があります。でも九〇パーセントの国がOKすれば、拒否権はもう使ってはいけない、とすべきです。

◇アッシジにて共に祈る

河合　宗教は、みんなが自分の住んでいるところで考えていて、周りの人が同じ宗教であれば何も問題がない。ところがだんだん国の交流が出てくるに連れて、ほかの宗教とどう接するかという問題が出てきたわけです。この問題がなかなかむずかしい。やはり宗教ですから、自分の信じていることは正しいと。しかし、いまの世界の状況では、どの宗教も他教との接し方を真剣に考えざるをえないと思います。

ずっと昔であれば、自分たちの宗教は正しいから、ほかの人たちも自分たちと同じような宗教に改宗するべきである、あるいはそれを願おうということでおちついていたのが、そう言えなくなってきたと。そしてカトリックの場合、ほかの宗教の人とどのように平和に共存するかだけではなくて、世界の平和ということももっと積極的に考えたいと。そのことをもうちょっと具体的にいろいろお話しできたらと思います。

ピタウ　ちょうどいま、私たちはアッシジにいるんですが、一九八六年にヨハネ・パウロ二世は、全世界の宗教の代表者を招いて、ここで対話をし、そしていっしょにお祈りいたしました。★アッシジを選んでくださった理由は、おそらくここが平和のシンボルになっているからです。そしてここでみんな自分の祈り方をもって、世界平和のためにお祈りいたしましょう、相手を納得させるとか、あるいは改宗させるとかいうことではなく、みんなを一つにするのは何であるか、を考え、互いに尊敬しあって、互いの平和のために祈りましょう、と呼びかけたのです。

★**一九八六年のアッシジでのお祈り**　一九八六年一〇月二七日、イタリアのアッシジで「世界平和の祈り」が催され、信仰を異にする世界の諸宗教の代表一〇〇人が平和を祈り求めた。教皇ヨハネ・パウロ二世の呼びかけによるもので、日本の宗教者も参加した。

Photo by Ichige Minoru

それだけはみんなわかると思います。そしてみんな本当に喜んでここに来て、お祈りしたんです。いままでそのことを考えることはできませんでした。

しかしここで、どのようなことが私たちを対立させるかを考えたわけです。それは一つの大きな進歩でした。

◇第二ヴァチカン公会議での決定

ピタウ　ご存じであろうと思いますが、カトリック教会の第二ヴァチカン公会議で、はじめて宗教間の対話についてはっきりした決定がありました。

河合　そういうことを決定される場合は、その根拠は聖書のどこにあるというようなことを言うんですか。言わなくても決定するんですか。

ピタウ　カトリック教会の公会議は、だいたい聖書に書いたものを土台に決定します。あるいは歴史的なカトリック教会の生き方、やり方を見て、聖書の教えを現代にどうあてはめるかを、決定します。私たちが必ず言うのは、レベレーション（啓示）です。神様が旧約聖書か新約聖書かで、何をどういうふうに私たちに啓示したか、が大事です。そして公会議は、これを現代に当てはめて、どうやるべきか、を決定します。私たちはマジステーウム（教会が信仰の真理を教える権威）と言うんですが、教導権というものがあります。この教導権によって教皇たちは、また教皇と司教たちはこの二〇〇〇年の間に、信仰に関する決定を行ってきました。また、教会の生活の生き方の中では様々の伝統が作られました。このような伝統や決定事項は聖伝と言われます。

この啓示と聖伝の二つが、公会議における決定の基準となります。

いままでは、キリスト教の中でいろいろな宗派の間の戦争さえもありました（⇒コラム⑮）。公会議で、それはいけないという決定がなされました。キリスト教のいろいろな宗派の中の一致を考えなければならない、と言うのです。「諸宗教間の対話」（interreligious dialogue）であり、エキュメニカル・ダイアローグ★（ecumenical dialogue 教会間対話）です。そしてそこでカトリック、英国聖公会（anglican アングリカン）、プロテスタント、正教会（orthodox オルトドックス）などのあいだの対話と協力が打ち出されました。

しかしそればかりではありません。旧約聖書でも新約聖書でも、多くの国の人たち、いろいろな宗教のことが出てきます。そして外国人に対する尊敬、愛、協力の姿勢が出ています。現代でも、いろいろな

★**エキュメニカル・ダイアローグ**　キリスト教の中のカトリック教会、正教会、プロテスタント教会間の対話をこのように呼んでいる。

コラム⑮

キリスト教の諸宗派について

現在、キリスト教会は、カトリック教会、正教会、プロテスタント教会に大別できる。この三つの教会に含まれない教派もある。カトリック教会は、ペトロの後継者であるローマ教皇のもとに一致を保っている。

正教会（オルトドックス）は、決定的には十世紀にカトリック教会から分離した教会で、ローマの司教（ローマ教皇）の首位性を認めない。しかし、それ以外、教義の面では、カトリック教会とそれほどの差異はない。

プロテスタント教会は一六世紀にカトリック教会から分離したもので、大きく分けて、ルター派教会、カルヴァン派教会、イギリス聖公会（アングリカン）がある。プロテスタント教会には、その後生まれた無数の教派があるが、ほとんどがこの三つの教会の流れを汲んでいる。

国があって互いに助け合わないと、平和とか、進歩、発展はありえません。

第二ヴァチカン公会議では、ある決定があって、他宗教との協力について、はっきりした方針★が出ました。これは、教会の歴史の中では初めてのことです。

そしてその対話と協力を行うために、公会議は二つの文書を作ったわけです。一つはキリスト教同士の対話のため、もう一つは宗教間の対話と協力のためです。最初はゆっくりだったでしょうが、いま、いろいろな計画が立てられています。この他宗教との間の協力では、まず第一に、生活の対話が大切にされています。この場合にはカトリックだけではなくて、他の宗教の日常生活の中で、例えば仏教、神道の中で、いろいろな宗教の方々と生活を送るということです。そういう

★**キリスト教以外の諸宗教に対する教会の態度についての宣言**（Declaratio de Ecclesiae habitudine ad religiones non-christianas）キリスト教以外の宗教との対話に関する第二ヴァチカン公会議の文書。

中でどのようにして尊敬しあい、具体的なことでどう協力してゆくか、いろいろな問題が出るんです。しかし基本的なものは、平和ということで助け合わなければならない、ということです。それははっきり出ているわけです。

しかし、ただ日常生活の対話、助け合いだけでなく、できるならば、お互いによく知り合うために宗教的な面でも、場合によってはいっしょに集まって、祈ったらいいのではないでしょうか。例えば、カトリック教会だったら、仏教徒や神道の方々に、ミサ（聖体祭儀）の祈り方がどのようなものであるかを見てもらうことです。それはなかなかむずかしいことです。しかし一応、知り合うためにそれを見てもらうのです。それだけでも、すごくいい雰囲気になることがあります。もちろん、プロテスタントとか、あるいは正教会とでしたら、もっと簡単に議論でき、聖書を使いながら説明できます。しかしまず第一に、お互いに理解しあうことです。そして、奇異なことはしていませんと、どういうふうにやるかを、みんなに見てもらうのです。それだけでもすごく新しい雰囲気が出てきます。

場合によっては、もっと深く対話したければ、例えば仏教の専門家に接することです。私も何回かある仏教のお坊さんと話して、深い友情の関係にまでもっていきました。そしてある場合には、その知識を深めるために、仏教徒もキリスト教徒を呼んで、講演をさせることです。ある意味においてその宗教的な体験を理解できることもありえます。専門的なキリスト教の神学者、仏教徒の研究者ということで、そこは簡単ではないこともあるでしょう。もう一度くり返しますが、専門的にある点をとって、例えば祈り方、あるいは苦行のやり方を示し合い、深いところまでいくことです。これは対話の、そして協力への一つの呼びかけです。

そしてそこには一つの経験も生まれます。例えばキリスト教徒があるお寺へ行って、仏教徒といっしょにいろいろな体験をするとします。深い信仰がなければ、お互いにある場合には害もありえます。しかしそこでゆっくり勉強して、対話を続けるのです。第二ヴァチカン公会議によって新しい動きが出てきて、カトリックと正教会、カトリックとプロテスタント、カトリックと他の宗教とのあいだの会議など、いろんなものが出てくるわけです。

一般の信者たちである場合には、そんなに深く入りません。でも新しい雰囲気を知りたいという気持ちは出てきたと思います。例えば一番優れた進歩と言えそうなのが、ドイツのルター派とカトリック教会の対話です。ルターは四世紀前に分かれましたが、いまの彼らの対話の文書（⇒コラム⑯）をルターが読んだならば、たぶんこの文書に同意することでしょう。問題は、「義化」★（ジュスティフィケーション）のことです。それが争点になり、教会が分かれました。いまいっしょになって、両側が同じことを信じて、サインして、そして一番根本的な点でちゃんと平和条約を結んだのです。それがおそらくエキュメニカルで一番優れた成果だと思います。

★義化
ジュスティフィケーション（justification）。カトリックなどの用語。私たち人間が神の前で正しくされることで、カトリックとルター派との間の争点になっていた。

◇地上における平和

ピタウ　そして、いろいろほかのこともあります。ゆっくりですが進歩がありました。平和についてだけは、だいたいみんな協力します。この点ではキリスト教はほとんどみな同じになります。少なくとも戦

コラム⑯

ルター派とカトリック教会の対話の文書

一九九九年十月三十一日、ドイツのアウグスブルグにおいて、カトリック教会とルター派教会世界評議会との間で、義化（Justification. ドイツ語では Rechtfertigung）についての合意文書が調印された。「Gemeinsame Erklärung zur Rechtfertigungslehre des Lutherischen Weltbundes und der Katholischen Kirche」（義化に関するルター派教会世界評議会とカトリック教会の共同宣言）と呼ばれるもので、教皇庁キリスト教一致推進評議会議長エドワード・カッシディー枢機卿（Edward Kardinal Cassidy）がカトリック教会を代表し、ルター派教会世界評議会議長クリスチャン・クラウゼ主教（Bischof Christian Krause）がルター派教会を代表して、調印した。

Gemeinsame Erklärung zur Rechtfertigungslehre des Lutherischen Weltbundes und der Katholischen Kirche, -- Am 31. Oktober 1999 wurde in Augsburg von der Katholischen Kirche und dem Lutherischen Weltbund unterzeichnet. Der Präsident des Papstlichen Rates zur Forderung der Einheit der Christen, Edward Kardinal Cassidy, und der Präsident des Lutherischen Weltbundes, Bischof Christian Krause, unterzeichneten.

争を避けたければ、一人ひとりの人間を大切にしなければなりません。その基本的な人権を守らなければならなりません。そして人間の根本的な尊厳があるんだから、一人でも殺されるんだったら、けっして戦争はやってはいけないのです。一人ひとりの人間は神からつくられたもので、絶対的な尊厳があるのですから。

このように、一人の人間の尊厳は国の利益よりも大切なものです。ですから、湾岸戦争、あるいはいまのイラク戦争について、なかなか説明するのはむずかしいことです。そしてそこは結局、戻りますが、祈り以外にほかの道はないんです。

平和の問題について、カトリック教会で一番の中心になるものは、「地上における平和」（パーチェム・イン・テッリス Pacem in terris）です。これはヨハネ二十三世が書いた回勅《かいちょく》ですが、それはある意味において、平和についての私たちの基本的な考え方です。いま毎年、ローマの教皇様は、一月一日、元日に平和のメッセージをお書きになります。平和のメッセージとは、ただ、カトリック教会の信徒だけに送る手紙ではなくて、全世界の皆様に送るわけです。教皇ヨハネ・パウロ二世の平和メッセージは、今年で二十五回目です。

そして教会全体に平和を守る、平和を築き上げる一つの指針があると思います。「諸宗教間の対話」、エキュメニカル・ダイアローグ（教会間の対話）の内容です。そこで教会として、この二つについての方針を打ち出してきたと思います。

ある場合には、対話というといい気持ち、いい雰囲気をつくります。しかし具体的な本当の宗教間の対話はあまりないと思います。でも、例えば自分の国から逃げて、移民として他の国へ行くと、そこでは宗教的な団体の協力があります。例えばベトナムで難民が出た時に、私も覚えていますが、上智大学でいろんなことをやって、それには他の宗教の方々も協力しました。そのような意識が生まれるならばありがたいです。仏教徒との対話になると、例えばヨーロッパのベネディクト会★の修道院は修道者を日本に送って、主に禅の祈り方、あるいは生き方に学んでいます。また仏教のほうでも、主に大きなお寺だったらそうでしょうが、毎年、二、三人を、例えばベルギーやイタリアのベネディクト会、あるいは他の会の修道院に送って、いっしょに祈って、いっしょに知り合うようにしています。まず第一に知識からはじまり、お互いに知り合います。お互いに友だちになり、そしてそこからもっと深い宗教的な話も出てきます。第二ヴァチカン公会議がこの道を開いて、それが進んでいます。

★ベネディクト会
ベネディクト会は、西欧修道生活の父と言われ、ヨーロッパの保護の聖人でもあるノルチアのベネディクト（四八〇～五四七）によって創立された修道会である。それぞれの修道院が自治を持つ、大修道院制度をとっている。

一つのたとえ話があります。ある小学校の先生が、子供たちにリンゴの色はどのようなものかと聞いてみました。するとある者は赤、ある者は緑色、ある者は黄色と答えました。そして一人の生徒が手をあげて、いや、すべてのリンゴは白だと言いました。みんなが笑いました。いや、笑い話ではないんです。皮を取ったらどの色でしょうか。ある意味において、宗教間の協力はそこからはじめなくてはなりません。一人ひとりの人間の中を見ることです。そこではみんな同じです。少なくとも理解しあって、協力することです。ここからはじめなければならないと思います。

河合　いまのお考えは、もう少し突っこんだ言い方で表現して、こういう言い方も可能でしょうか。カトリック教徒であるということは、一人でもほかの人をカトリックにすることよりも、自分のカトリックの信仰を深めることの方を大切にするのだと。

ピタウ　そうです。そしてけんかするよりも、あなたはいいカトリック信者になるようにしなさいと、薦めるのです。他人に向かう前に、あなたはいい証《あか》し人★になりなさいと。

河合　そういうことですね。そしてそのいい証し人になる時に、人を殺すということは絶対に、出てこない。そういうことですね。これはすごい画期的なことで、どうでしょうか。いまおっしゃったようなことは、ほかの宗教でもある程度聞きましたか。例えば仏教の人でも……。

ピタウ　もともと仏教は平和的な雰囲気をつくりたい、けんかはしたくない、と思っていますね。ですから、どっちかというと、対話しやすいですね。

★**証し人**　キリスト教では、生活の中に信仰を生かすことを「証し」、それを行う人を「証し人」と呼んでいる。

突っこんだ話をすれば、例えば、唯一の神を信じて、人間一人ひとりみんな責任があると考える私たちキリスト教徒と、仏教のように唯一神はなく、人は生まれ変わった後の世界で清くなっていくという考え方とは異なります。しかし平和的に話せるし、協力もできます。いろいろ具体的な政治、経済問題のところで本当に協力はできます。

◇祈りとゆるし

河合　そうですね、しやすいです。仏教という宗教そのものが、非常に寛容というか、そういう面ではいろいろつながりやすい。それともう一つ、聞いていて感心しますのは、やっぱり中心におかれているのは**祈り**（⇒コラム⑰）ですね。それは現代人が一番忘れたり、軽んじたりしていることではないでしょうか。ふつうの人は、祈っても何も起

コラム⑰

祈り

カトリックの場合

カトリック教会においては、神との対話である「祈り」が極めて大切にされている。祈りにおいては、人間は神の前に自らの赤裸々な姿を投げ出し、自らの内面を見つめ、神と対話する。神への礼拝、賛美、感謝、そして神の前での回心の心、恵みを求める謙虚さが祈りの要素である。

祈りには、念祷とも呼ばれる観想（瞑想）の祈りと口で唱える祈り、また公的な祈り（ミサと呼ばれる聖体祭儀を初めとする秘跡、教会の祈りと呼ばれる聖務日祷）と私的な祈り（ロザリオの祈りのような、団体、あるいは単独で行う個人的な祈り）がある。

明恵の場合

明恵の祈りは仏教系であるが、他に見ぬ諸々のユニークさがある。

『却癈忘記』には「ワレハ天竺ナドニ生マシカバ、何事モセザラマシ。只五竺処々ノ御遺跡巡礼シテ、心ハユカシテハ、如来ヲミタテマツル心地シテ、学問行モヨモセジトオボユ」とある。宗派を超え、釈迦自体への帰依という徹底化がある。ここから修行や修学も導き出されている。かつ「信ナキ智ハ仏法ニ順ゼザルノミニアラズ、カヘリテ仏法ノアダトナル也」(同右)という批判も成る。またある貴族の個人的な祈祷の依頼を、日々衆生のために祈っておりそれに包括される、という理由で断っている。

反面で『土砂勧信記《どしゃかんじんき》』を著し、土砂に祈りをこめ(加持)、病者や死者に蒔《ま》くことで極楽往生すると説く。釈迦への帰着と、それゆえの自己を律する厳しさと、反面の自在さと。こうした大きな展開を含んだものとして、明恵の祈りはあった。

こらない、しかしお金があれば何かできると考える。その時に、祈りというものもありますよと、それが大切ですよと、ちゃんと伝えることは、すごく大切だと私は思うんですけれど。これはしかし、やっぱり教育ということも結びつくと思う。子供の時からの教育も大きいでしょうね。

ピタウ　**祈り**はおそらく基本的なものですね。そして祈りがなければ、本当の宗教はないと思います。例えばこのアッシジでの集まりで、まだ神学的な、あるいは学問的な話し合いとかに入る前に、自分たちのやり方でいっしょに祈りました。祈るだけで心もおちつき、相手をけっして敵としてみることはありません。協力したいという気持ちが出てきます。

平和のためにもう一つ本当に必要なもの、それは**ゆるし**です。ゆるしあうこと★です。

何十年も、あるいは何百年も同じ一つの事件のことでみんな争って、そこから脱皮しないでいます。私は学生たちに教えていた時にいつも言ったんですが、平和のために忘れるということも必要です、と。新しい目で歴史を見ることです。歴史は一つです。みんないっしょに協力するための歴史です。忘れるばかりでなく、ゆるしあうことです。例えば、太平洋戦争で日本人はひどいこともしました。これを一つも忘れていない国もあります。いつも同じことをくり返します。それでは平和はつくれません。日本はゆるしを頼んだし、協力したいということを見せました。そしていつも同じことです。ゆるしを頼む日本を、相手もゆるすことです。ゆるしあうということは、将来の世界平和を築くために本当に必要です。

★ゆるしあうこと
ゆるすことは、キリストが教えた愛の行為である。キリストは、「敵を愛し、あなたがたを憎む者に親切にしなさい」(ルカ六、二十七)、「赦しなさい。そうすれば、あなたがたも赦される」と述べている。また、キリストが教えた祈りの中に、次のようなくだりがある。「私たちの罪を赦してください。わたしたちも自分に負い目のある人を皆赦しますから」。

ほとんどいつも戦争をしてきたドイツとフランスがゆるしあいました。忘れるということは、なかなかできないかもしれません。しかしゆるしあって新しいものをつくろうとすることはできます。アデナウアー、★シューマン、★デ・ガスペリ★はこれを行いました。アデナウアーはドイツ人、シューマンはフランス人、そしてデ・ガスペリはイタリア人ですが、その三人は国境のそばで育ちました。デ・ガスペリは南ティロルで生まれ、そこに住んでいました。そこではいつもけんかがありました。そしてシューマンはロレーヌ、アデナウアーはケルンに住んでいました。この町はドイツとフランスの国境のそばにあります。

この三人の政治家たちは、これじゃいけない、この小さな国を越えて、ヨーロッパをつくろうと話し合いました。しかし、みんなの特徴を守りながら、ヨーロッパをつくるには、何かどこかで譲らなければ

★アデナウアー
(Konrad Adenauer, 1876 - 1967) 一九四九〜六三年、西ドイツ首相。

★シューマン
(Robert Schuman, 1886 - 1963) 一九四七年、四八年にフランス首相。四八〜五二年は外相としてヨーロッパ統合を推進し、ヨーロッパ石炭鉄鋼共同体の創設を提唱。

★デ・ガスペリ
(Alcide De Gasperi, 1881 - 1954) 一九四八〜五三年、イタリア首相。

なりません。ゆるさなければなりません。こうして、協力ができます。何か新しいものをつくろうという、その気持ちがあるならば、宗教は本当に役に立ちます。

いま、おそらく米国さえも、自分の力だけではできないと悟ったと思います。そして一歩進んで、どういうふうにして国連にもう少し力を与えるか、国連自身が自分で決定できるようにさせるかを考える必要があります。その国際機関に自分たちの権利を、ある部分だけでもいいのですが、譲らなければ、国際平和は生まれてこないと思います。

河合 この祈りということとゆるしということ、これは考えてみれば、どんな宗教でも言えるわけですね。宗教が違うから、そこは違うというのではない。ダライ・ラマがロンドンでカトリックの人たちに話をした記録『ダライ・ラマ、イエスを語る』(角川書店)という本があります。それを読んだ時に感激したのは、やはり考えが違いますから、カトリック側もダライ・ラマもそれぞれの意見を述べる。そしていろいろディスカッションしたあとで、最後はどうなるかというと、「では、ともしびを消して祈りましょう」と。それでずっとみんな祈る。それが私はすごいと思う。それははじめからの約束だったんです。議論をして、結論をむりやりにだすとかいうよりも、ある時間がきたらみんなで祈りましょうと。それで終わりにするというのは、非常にすばらしいと思いました。それをやっていけばいいんだけれど、どっちかが正しいかで答えを出そうとすると、どうしてもけんかになる。

ピタウ　そして本当にいい友だちになったら、今度は本当の対話が生まれてきます。相違とか、あるいは昔の争いを忘れて、その体験を超えて新しい体験をすることです。前に先生がおっしゃったことで、教育ということがありますね。平和教育がなければ本当にだめですね。小学校から中学校、高等学校、大学、できるならば世界の歴史をみんないっしょに、同じような教科書を持って勉強すれば、進歩があるでしょうね。でもいま、変わってきています。それも言わなければならないんですが、しかしもっと深い変化が必要ですね。結局、だんだん全世界の人たちはいっしょにある目的に歩んでいる、ということです。しかしまだ相違は大変です。

例えば主にアフリカを考えると、一か月一ドルで暮らしています。あるいは中南米でもそのような状況があります。人間的に、あるいは文化人として、一か月一ドルで生活できるでしょうか。その平和と正義をいっしょにしなければ本当の平和はありえません。そこも国連は何か計画を出さなければなりませんね。

河合　いまのお考えで本当によくわかるんですが、そういうのが出てくるまでの人間というのは、宗教で戦ってきた長い歴史をもっている。その事実をよく知っておく必要がありますね。だれでも、もちろん平和は大切ですと言う。ところがいざとなってくると、違う心が出てきますから。宗教の名のもとに、日本でもそうですけれども、たくさんの人が戦った。これに対してどう考えるか。歴史を習うときでもそこが非常にむずかしいところですね。

◇ヨーロッパの罪を認める

ピタウ　自然科学の発展で、ある国は経済と軍事力が進んで、ほかの人たちの自由を考えないで、自分の国の発展だけを考えました。これは私にとって、ヨーロッパ人として、本当にすごく恥ずかしい経験ですね。自分の国の力を広げるために、場合によってはキリスト教を使って、そして宗教と軍事力をいっしょにして、同じ目的のために北アメリカ、南米、そしてアフリカ全体に進出し、場合によっては、そこから奴隷を米国と中南米に連れていきました。アジアからはそのような現象はなかったんですが、しかしアフリカで、カトリックもプロテスタントもそこの人たちを奴隷として向こうに連れていき、そして奴隷は本当に非人間的に取り扱われました。それはおそらくヨーロッパの一番大きな罪です。

ヨハネ・パウロ二世は、みんなの前で、ヨーロッパ人の、主にカトリック信者たちの犯した罪を認めて、そしてゆるしを願いました。それは歴史の大きな罪で、そしてそのために何か償わなければなりません。主にアフリカ、そしてアジアの国にどういうふうに償うか、それも一つの歴史的な義務です。

またヨーロッパでの戦争も本当に恥ずかしいことです。キリスト教がこのヨーロッパに現れて一番長く活躍したのに、第二次世界大戦は、本当にひどい体験でした。そしてナチ、共産主義によって犠牲を払わされた人たちが何百万人もいます。ヨーロッパに対して、そして主にキリスト教に対して犯した一番恥ずかしい罪ですね。その罪を認めて償うということがなければ、新しい出発はありません。ローマ教皇はその点で、何回も何回もそれをお願いしています。そして平和を築くこと、そのために祈り、ゆるし、協力すること、できるだけ国際的な機関を強くすることを訴えています。そして難民の問題も取り上げています。

イタリアで先週も難民が亡くなっています。何十人も、ある場合に

Photo by Ichige Minoru

Photo by Ichige Minoru

は何百人も古い船で逃げるのですから、海で亡くなってしまうんです。どうしてそのようなことが起きるかというと、国連が無力だからです。そこで何か決定して、だれかが移民たちを守ることができれば、あるいは国連が紹介してどこかに送るとかができればよいのです。しかし、残念ながら、私たちはいま本当に情けない体験をしています。かれらは人権を持っているのに、かれらのためにだれも何もしないのです。アフリカから逃げるために一番近いところはシチリア島とか、イタリアですから、そこに来ます。そしてたぶん五〇パーセント生き残れれば多い方でしょう。そして入ったと言っても、結局、法的措置として、自分の国に送り返されなければなりません。もう一度平和のために、この国際機関、国連を強くしないと、本当に平和になりません。

河合 それでも、カトリック教会の場合、ローマ法王がそこまで明言されたということは、これはすごい画期的なことだと思います。

ピタウ　本当の宗教であるならば、正義の世界もつくらなければなりません。正義なしで、本当の平和はありえません。そのために本当のことを言う、嘘を言わないことが必要です。平和はその真理の上にもとづいています。人間であるならばみんな平等です。それを教えなければなりません。そして、独裁主義だったら真のマスコミの自由はありえません。真理を守りたければ、また伝えたければ、マスコミの自由も必要です。全部つながっているということですね。

◇イスラム教との対話

河合　宗教を超えて、宗教団体がお互いに手を結ぶことができたら、すごく強いことですね。経済とか軍事とかだけで物事を考えている人もたくさんいるし、宗教は念頭にない人たちもいまたくさんいるわけですからね。それを考えると、自分が何教であるかなんていうことよりも、その人たちに対して努力する方がよほどいま大事になってきていると私は思います。ただ、そういう宗教の対話の場合に、イスラム教と話し合うのはなかなかむずかしいですね。ただ、イスラムの教えも、イスラムの中世時代の哲学とか、考え方とかをずっと深めていけば、私は対話は可能だと思うんですけれど。いまは表層的に固まったところでぶつかっているから、すごく衝突するように思うんですけれど。

ピタウ　それも言わなければならない問題ですが、イスラム教徒の国々も、長いあいだヨーロッパの権力の下で圧迫されてきたということもあります。それでいま、自分たちの文化、自分たちの権力、そして経済的な力も持った、完全に自由な国になれない、と感じています。それがあったことも認めて、ヨーロッパはどのように協力すればいいのでしょうか。

イスラム教の人たちは、ローマでちゃんと大きなモスクを建てることはできたんです。★イタリアは土地を与えて、ヴァチカンもそれをお願いしました。しかしアラブ諸国では、キリスト教信者のための小さなチャペルも作ることができません。結局、どういうふうに平等を認めるかが、重要です。例えば昨日もイタリアの小さな町の裁判所で、学校に十字架を置くことはできないという判決がありました。なぜかというと、あるイスラム教徒の子供がいて、自分の宗教の自由を侵すからそれはいけない、と抗議したからです。しかし、他のほとんど九〇パーセントの人びとの自由を、どうしてもっと認めることができず、

★イタリアにおけるイスラムとの共存問題
イタリアでは、カトリック教会とイスラム教との間には協調があり、平和のうちに共存している。例外的に、イスラム教徒の中には過激的行動をとる人々もいることが知られている。

彼らの宗教の規則をだんだんとほかの者にも要求しようとするのでしょうか。そこは理解しあって、お互いに尊敬しあってやらなければなりません。譲り合うことです。相手の学生にも、ほかの宗教の学生にも、その自由を与えないといけません。伝統的にイスラム教の国は、どうして一人のキリスト教徒も入れないのでしょうか。彼らの宗教だけを中心にして、キリスト教の信者にその自由を与えないのでしょうか。本当に長いプロセスですね。そう簡単に一日で解決はできません。しかしそこで前に申し上げたように、生活の態度、同時にどこかで互いに話し合って、あなた方にも権利を与えるので、あなた方も私たちの状況を見なさいとか、譲り合いの精神が大切です。

河合　そうですね。お互いのあいだに暴力を使わないということでしょう。下手をすると、小さい暴力が陰で使われることがありますね。

それをせず、話し合いましょう、いくらわからなくても話し合いましょう。その時にもう暴力はやめましょう、とずっと言ってないと、どうしても暴力に訴えるより仕方がないというふうな方へぱっと行きますからね。

★パウロ六世　在位一九六三〜七八年。教皇ヨハネ二十三世の後を継ぎ、第二ヴァチカン公会議を終結させ、その諸決定を実行に移した。

◇対話の構図

ピタウ　相手もいろいろな言うべきことはあるのですから、まず第一に聞くことです。それが大事ですね。パウロ六世★は、前のローマ教皇ですが、彼はカトリック教会は、言葉で定義して、そしてそれを表そうと呼びかけました。対話です。まず第一に教会の中の対話、司祭、信者たちの中での対話から始まり、そして今度は、ほかのキリスト教の宗派との対話へと発展していきます。そしてほかの宗教との対話、そして現代社会との対話が生まれます。広げていく対話でないと、本当のキリスト教の教会ではありません。対話がなければ世界の発展も平和の建設もないと思います。パウロ六世教皇は、教皇になってすぐ全世界に宛てた手紙である「エックレジアム・スーアム（Ecclesiam suam）」（一九六四年八月六日。教皇の回勅では文書の最初の二つの言葉――接続語が入る場合は三つの言葉――が名前となる）という回勅で、教会が行う対話は決して押しつけるということではないこと、対話を土台にすることの大切さを述べています。それこそ本当の宗教になると思います。

河合　今度、西川千麗さんがこのアッシジで踊る★というのは、本当に対話ですね。言葉でない対話ですけれども。しかしこれも昔だったら考えられない。教会の中で、異教徒が異教徒の舞を舞うわけですから。それを見ましょうと。そういうふうになってきたというのは、こ

★**西川千麗**　日本舞踊家。京都生まれ、京都在住。二代目西川鯉三郎、三代目西川右近に師事。構成、振付、脚本、衣裳、舞台美術、音楽の全てを自己の原案で創り上げ、高い精神性と現代的感性にあふれた作品を生み、国内外で反響を得ている。主要作品「瞽女ものがたり」『青眉抄』「よだかの星」「鳥の歌」他。二〇〇三年十月二十六、二十七日の両日、アッシジの聖フランシスコ大聖堂にて「阿留辺幾夜宇和」の公演を実現させた。（次頁は聖堂内で舞う様子）

Photo by Ichige Minoru

れはすごいことだと。

ピタウ　宗教の中にはすばらしいものがあるんです。芸術、美術。これらをもって対話をしましょう。

河合　そうです。芸術、音楽もありますし、そういう対話をもっとやれば……。このごろ声明《しょうみょう》は教会で聞いていただいたりしていますね。

ピタウ　そうです。おそらく全世界で宗教を排して、宗教がなくなっていたら、美術も芸術の進歩もなかったでしょう。宗教的な体験からすばらしいものが出るんですね。

河合　そうです。そして宗教的体験から出てきた芸術というのは、容易に宗教の差を超えるんです。キリスト教と何も関係のない日本のわれわれでも、賛美歌を聞けば、これはきれいだと思います。宗教画を見て、これはキリスト教の絵だから見まいということはないわけです。二十一世紀の大きな課題として、芸術というものが本当の意味の宗教性と関連しながら、大事なものになっていくのではないかと思います。

ピタウ　私たちカトリックでも、お釈迦様のお像とかを見ると、すぐ心が落ちついてくるのですね。言葉なしで何か心に訴えるものがあります。とかく現代はすぐものを数えたい、金を数えたい、あるいは触れたい、という欲求を持っています。しかし心に触れるものが一番大切ですね。私は日本にいて、毎日、あるいは日曜日に、鐘の音が聞こえなくて、最初ちょっとさびしく感じました。しかしだんだんお寺の音が本当に好きになったんです。いま私たちは騒音だけを聞いています。教会の鐘とか、お寺の鐘とかが、聞こえなくなってしまいました。そしてさびしくなりました。心の落ちつきとか、ありえないですね。

河合　これは冗談ですけれど、異なる国の政治家とか大統領とかが会いますね。そこで、話をされたあとで、黙って三十分いっしょに祈るとずいぶん違うでしょうね。対話をやめて、いっしょに祈りましょうと。ともかくそれをやりましょうと。具体的に話をするときに、これは十分違うと思うんです。

ピタウ　むずかしい提案を相談する前に、決定する前に、みんなで祈りましょう、国民のために何が一番いいか、自由になって決定いたしましょう、という話し合いが大事でしょう。いまはイタリアでも右が提案を出すと、左は必ずそれを拒否します。また左が何かいい提案を出しても、右は国民のことを考えないで反対します。政治もほとんど自分の宗派になったんですね。五分間でもいいんですが、光を求めて、みんなお祈りすればありがたいですね。

2 宗教から倫理へ

◇フランチェスコの精神に倣う

ピタウ　聖フランチェスコは私たちに模範を与えています。それは主に修行の方向であり、そして地球の遺産を守るということです。地球の遺産は、食べ物になるものなど、みんなのために与えられていま す。しかし例えば海のそばに大きな工場を造れば、海が穢れてしまい、魚が棲めなくなります。これは自分の国だけではなく、全世界のことを考えて禁じるとか、あるいは姿勢を変化させないとゆるしを与えないとか、そこまでやらないとだめだと思います。

いま原子力の関係で、国際的な機関がありますが、しかし北朝鮮は勝手にやってしまいます。また水のことも考えないとだめです。あるところではもう水はなくなってしまいます。しかも一つの国の問題だけではなく、隣の国の問題でもあるのです。だんだんそこまでいくと思います。でも京都で地球温暖化防止会議があった時に、ある者は従いませんでした。

そしてまた、大切なことは、おそらく聖フランチェスコの精神に倣って、貧しさと言わないまでも、質素な生活、小さなことで喜ぶ、すべてを恵みとして受けいれる姿勢でしょう。物を持つだけで喜びがあるという考え方は完全になくさなければならないと思います。いま、親たちも子供はだいたい一人か二人だけです。そして物を豊富に与えます。子供たちは苦しみを知りません。しかし、物を与えるよりも自分たちを子供に与えることです。物ではなくて子供を大切にしている親の愛という、ほかの喜びがあります。そこから子供は何かわかって、いろいろな物をほしがらなくなります。家庭からはじまらないとだめだと思います。

そういう意味で、結婚の前に、お寺で、あるいは信じている神社で結婚の準備をすることです。そして神社あるいは教会で結婚をしたい者に、もう少し教えなければなりません。一つの仕事に入る前には、いろいろな準備があります。例えば学校、大学、専門学校などです。結婚は一番小さな自然の共同体ですね。それなのに準備はほとんどしていません。そこをどう教えるか、子供たちをどう育てるか、そこに向かって、大きなヴィジョンを与えるべきだと思います。家庭から始まらなければなりません。子供たちは政治家から教育としての何ものももらっていません。

そして学校教育も大切です。私も二年間、日本の中学校で教えたことがあります。おそらく小学校と中学校は、教育のために一番大切なところです。小学校と中学校の先生方を大切にするということは、本当に大事だと思います。彼らはただ子供たちだけを教える、育てるということだけではありません。父兄との関係も大切です。私にとって、日本でのいくつかの深い体験はこれでした。結婚式に出ると、必ず小学校の先生、あるいは中学校の先生、あるいは大学の先生がいました。影響はそこで現れるんです。いまどうなっているかわからないのですが、しかしそのようなことは大切にしないと、なかなか将来は寂しくなると思います。

◇倫理の失なわれた時代の家庭教育とは

河合　私の一番心配しているのは、日本でもやはり家庭教育です。日本の伝統的な家庭教育というのは昔からあったわけです。それでうまくはいっていたんですが、非常に大きな問題は、西洋の文化の影響を受けて、個人が大事だと考えるようになった。これは私はまちがってはいないと思うんですが、本当の個人主義というのはヨーロッパ近代に出てきます。それまでは神であるとか、共同体であるとか、家族であるとかが大切であり、その中に個人がいるという考え方だった。近代に出てきた個人を大事にするその倫理は、キリスト教の倫理がはっきりそれを支えている。私はアメリカにもヨーロッパにもたくさんの友人がいます。そういう人たちと話し合っていて、個人としてしっかりしておられるけれども、キリスト教の倫理によってそれが支えられているると感じるのです。

ところが日本人の場合、個人が大事だと言った場合に、どの倫理で支えるかがわからない。もし伝統的な倫理であれば、個人ではなくイエが大事なんだという考え方でやっています。あるいは部族が大事だと。そういうシステムの倫理観が日本にあった。ところが、親が家庭でそれを教えようとしても、個人の方が大事だと言われたら、どう言っていいかわからない。そのときにキリスト教の倫理があれば、神はこう言っておられると、非常にはっきり言えますね。ところが日本の場合はそれが言えない。しかも自分たちはなんとなく昔の倫理を持っているわけで、新しいのがでてくると、どっちが正しいかわからない。日本の多くの両親が、家庭教育をいわば放棄しているわけです。その上、おっしゃったとおり、物がたくさんありますから、子供にいっぱいお金や物をやったりします。それは自分は子供を大事にしているように思っているけれども、本当は悪くするためにしているようなものです。下手をすると、個人主義が利己主義になってしまうのです。

それでもまだ日本的な倫理観と個人主義と、どこか折り合わせながら子供を育てて、教育している家はある程度、家庭教育ができています。しかし極端な場合、きわめて倫理観の薄い人間がでてくるわけです。いままでどおりに、世間に笑われるなんて言っても、全然意味をもたない。私がいま、日本で主張しているのは、日本人が急にキリスト教になれと言ってもなれないから、日本で個人主義をめざすなら、その倫理はどうなっているのかをもっと考えねばならないと。そこをまったく考えなくて、個人が大事とばかり言っているけれど、これは日本の大きい問題だと思っているんです。

それからアメリカなんかに行って感じることは、もうキリスト教倫理の外に出てる人たちがいるんです。そういう人たちの犯罪というのはひどいですね。つまり欧米でも、個人主義がイコール利己主義に直結するような人たちがいます。私は、そういうなかで、家庭でも学校でも道徳、倫理ということを考えさせることが大事だということを、いま日本で主張しているんですけれど、なかなかむずかしい問題があります。

◇人間はひとりではありえない

ピタウ　そこは本当に民主主義の基本的な問題になりますね。民主主義はけっして個人を社会から離れたものとして考えません。どうしても家庭の中、社会の中で考えます。人間は一人で、自分の力で生まれることはありません。いまはもちろん、それさえも自然科学でつくりましょうとか言っているんですが。しかしふだん、人間として個人を大切にすると言っても、家庭、社会の協力がなければ成り立ちません。

私は日本語をあまり知らないんですが、びっくりしたのは、人間という言葉です。人と人との間と書きます。ひとりはありえない。個人の尊厳というと、自分を大切にすることですが、彼もほかの人を大切にしなければなりません。その義務なしの尊厳はありえないんです。家庭でお母様は子供に、あなたはお母様、お父様の仕事で成長しているのだと言います。そしてあなたも協力して、と言います。私はもちろん家庭がないんですが、昔のことを思い出すと、必ず母は、あなたはこれをやりなさいと、分担で何かやらせました。いまでもそうしないとだめだと思いますね。

デューラーの「祈る手★」を、ごらんになったでしょう。デューラーの家庭は十八人の子供がいました。そのうち二人は美術学校に行きたいと思っていました。アルブレヒトとアルベルトです。しかし父親には二人をアカデミーにおくる金がありませんでした。それでその二人はコインを投げて、勝った者が学校へ行って、負けた者は鉱山で働いて金を儲けて、彼の学費を払うことにしました。そして兄が勝ち、四年たつと、弟の力で卒業し、そして学校でも版画とかいろいろなことをやって、金ももらっていました。兄が村に帰ったときに大きなお祝いがあり、学位を取った兄は、これができたのは私の弟の力です、と言いました。そして弟の番になると、弟は立ち上がって、手を見せました。すべての指は曲がってしまって、コップさえも手に取ることは

★デューラー「祈る手」（一五〇八年）

できないほどでした。私の兄を学校におくることができて、すばらしい体験だった、と弟は言ったのです。

いつも言うのは、もう一度家族を大切にするということです。政治もある意味において家庭を大切にしないとだめですね。前には考えられなかったんですが、いまは日本でも父親も母親も二人とも家庭から出てしまったんですね。理由はわかります。一人の給料だけでは生活できないということです。しかし政治もこの問題を考えなければなりません。

河合　お父さんお母さんが働いていていいけれども、やはり父親であって母親である。それなのに子供と共に生活し、苦楽を共にすることは極めて少なくなり、その分、子供にお金と物をやっている。自分に罪悪感がある分だけ物をやる。これが一番悪い方法ですね。

ピタウ　例えばテレビを子供たちの自由に任せるのはいけないですね。お母様かお父様がいっしょに見て、あとで話し合う。それをしなければ、いい教育になりませんね。

河合　家庭教育は日本では非常に深刻な問題です。

ピタウ　日本だけではなく、全世界ですね。立派な家庭はたくさんあるんですが、大きな動きとしては、本当に親が教育の義務を果たしていません。

河合　しかも親は子供の幸福を考えているつもりなんです。勉強をしなさい、これをしなさいということの方にはお金を使う。けれども、親と子が心をふれる時間は、どんどん少なくなっている。

ピタウ　親が子供と話すと、子供も何かする前にちゃんと相談するんです。そして心のふれあいがなければ、友だちのこと、あるいは映画で見たこととか、それしか関心がないんですね。教育は国際平和のために、また国の全体の発展のために一番大切なものです。しかし知的な教育だけではありません。倫理も礼儀も入ってきます。

◇まず重要なのは「人間としての教育」

ピタウ　私はいま仕事で、教育のことをやっています。カトリックの司祭を養成する全世界の神学校の教育の中で、最初に出てくるのは、人間の教育です。どういうふうにして他の人と接触するかということです。礼儀も入ってきます。例えば地位の高い方に会うとき、一つの挨拶のやり方があります。社会的な礼儀、人間としての礼儀です。それは将来の司祭たちの土台でなければなりません。それがないと、本当の司祭にはなれません。

二番目は知的なこと、学問的なことで、三番目は精神的な祈りのやり方、霊的な教育です。もちろん一般の学校ではやれないでしょうが、しかしそれを家庭でやらなければ、だれがやるんですか。家庭で一回も宗教的なものを見なければ、宗教とは何であるかを、少なくともその伝統についてどこで話せるでしょうか。そして最後が、司祭としての仕事――典礼の作法やミサの立て方など――で、ある意味において、自分の専門的な知識です。しかし一番大切なのは人間の教育なのです。その土台がなければ本当の教育はないでしょう。

一般の学校でも知的なことはみんなよくわかります。しかし精神的な、宗教的な面での教育もとても大事です。それは少なくとも知識としてだけでもいいんです。前に申し上げた、世界の宗教的な美術、芸術などを全然知らなければ、一つの要素を捨ててしまうことになります。専門教育は大学とか会社でも受けることができます。でも人間教育は、いま学校であまりやっていません。家庭でやらなければならないですね。

河合　キリスト教国は教会の中での教育ということがありますが、日本の場合はそれもまったくないんです。日本の場合は、お寺とか神社が子供の教育をすることは、まず考えられない。何もないという、非常に危ない状況です。

私が子供のころを思い出すと、日本の教育は、仏教の教義とか教典とかは何も教えない。けれども、家の中で「もったいない」という言葉を教えられたり、父親を先頭にした礼儀や、親類を訪ねるにしてもどうするとか、要するに日常生活が昔は上手に宗教性をもっていたんです。日本の国というのは非常に生活の中に仏教が溶けこんでいた。

神道的なものもふつうに生きていると、だいたいそれができていた。ところがいまは物がすごくたくさんありますので、「もったいない」と言っても全然通じません。日本人の生活が変わったということは、じつは家庭教育、宗教教育というのが、急になくなったのと同じことだと私は思っているんです。その自覚がなさすぎて、これは本当におそろしいことだと思っているんです。

ピタウ　修身でしたか、それを否定したんだから、もう何もないですね。

河合　そうです。確かに戦前の修身教育は否定してもいいですけれども、人間の倫理とか道徳というものは、否定できないですね。みんなそこがわからないんです。

ピタウ　人と人のあいだの関係ですね。具体的な規則がなければ、本当に野蛮人になるのです。かえって野蛮人の方がもう少しつながっているかもしれませんね。

河合　昔の日本人がそうですが、物が少ないと必然的につながるんです。家庭でいっしょにやってないと生きられませんから。ところが物がいっぱいあると、まったく勝手ができます。自分ひとりで生きているような錯覚を起こしやすい。このことは非常にむずかしい問題だと私は思っています。

ピタウ　私はアッシジのフランチェスコからもう一度出発したいです。フランチェスコの「**貧しさ**」というのは、目に見える物は、神がつくられたものであるから、それをむだづかいしたり、搾取することは貧しさに反するという考え方です。生きとし生けるもの、動植物あるいは無生物でも限度を越えて、搾取するということは、フランチェスコにとっては貧しさに反することです。フランチェスコから出発すれば、それは貧しさの思想ですね。

同時にそれはもちろん聖書の思想でもあります。旧約聖書の中にこういう話があります。いまの一週間ができますね。旧約聖書では土曜日が休みで、日曜日が休みになるのは新約聖書、キリスト教からです。旧約聖書で土曜日に働いてはいけないというのには、理由がありました。当時、奴隷とか使用人は一週間ずっと働きづめでしたから、その人たちに休みを与えなければいけませんでした。それから七年に一度は、畑を耕作してはいけないということがありました。それはやはり畑も休ませるということです。そういうものも大事にするという思想が聖書の中にはあったと思います。いまもカトリック教会の中では、そういうものを大事にします。

◇宗教から学ぶ日常生活の指針

ピタウ　イタリア語の「サルヴァグアルディア・デル・クレアート（salvaguardia del creato）」という言葉を使って、環境保護を非常に強く打ち出して、いま平和と対話と環境保護の三つということで、カトリック教会はそれを非常に大事にしています。物を浪費するとか、むだな開発をするのは、聖書的なものに反します。そして開発で日本は先進国の中でもトップ級をいっていると言われますが、私はそれを聞くとむしろ悲しいですね。

それとフランチェスコの「太陽の歌」の中にゆるしを大事にする言葉があるんです。「ゆるすものは幸いである」と。ゆるしというのは二つの面があると思います。教皇ヨハネ二十三世★がプロテスタントの人

★ヨハネ二十三世　在位一九五八～六三年。ピオ十二世の後を継いだ教皇で、在位期間は短かったが、現代の教皇の中で、優れた教皇の一人である。第二ヴァチカン公会議を開いて、教会の現代化を図った。

たちにゆるしを請いました。私たちの先祖が犯した罪をゆるしてください、もしあなた方が犯していたら、私たちもゆるさせていただきますという発言をなさいました。私たちがゆるしを願うと同時に、ゆるさせてもらうという、その二つの面が正義とか平和につながっていくのではないでしょうか。

そしてまた、人間だけの正義ではなくて、自然に対する正義に私たちは義務をもっていると思うんです。それを大事にすることです。正義というものを、もっと広く解釈する必要があるのではないでしょうか。

ヴァチカンの文書の中に平和と正義に関する文書（⇓**コラム⑱**）もあるんです。そして環境のことも取り上げられています。宗教団体の集まりがあれば、このような問題も取り上げたらいいと思いますね。

コラム⑱

正義と平和に関する文書

「正義と平和」に関する文書は数多くあるが、主要なものとしては次のものを挙げることができる。

- 第二ヴァチカン公会議、「Gaudium et spes」(ガウディウム・エト・スペス)、一九六五年
- 教皇パウロ六世、「Populorum progressio」(ポプロールム・プログレッシオ)、一九六七年
- 司教シノドス、「De iustitia in mundo」(デ・ユスティチア・イン・ムンド)、一九七一年
- 教皇パウロ六世、「Evangelii nuntiandi」(エヴァンジェリイ・ヌンチアンディ)、一九七五年
- 教皇ヨハネ・パウロ二世、「Sollicitudo rei socialis」(ソッリチトゥード・レイ・ソチアリス)、一九八七年
- 教皇ヨハネ・パウロ二世「Centesimus annus」(チェンテジムス・アンヌス)、一九九一年

世界平和、あるいは世界発展のために宗教家はみんなゆっくり考えて、何か指針を与えたらいいと思います。いまは、大きな出来事が起きて苦しい人がいれば、だいたいみんな協力します。また一般的に各宗教団体からは、ある時間を経れば何かが出ます。しかし協力するところはあまりありません。そしてイスラム教の問題が出てくるから、そんなに簡単ではありません。

河合　しかしそういう、平和であれ対話であれ環境保護であれ、みんな一致するはずですからね。それを各人の考え、各人の宗教をもとにしながらどうするかということで、その行動は協力しあってやっているというだけで、ずいぶん理解がでてくると思いますけれど。日本の宗教の場合は、そういう点は非常にやりやすいと思います。しかしその宗教的なものを日本の国の中でどれだけやっているかということの方がもっと大きい問題だと思います。実際に仏教の僧侶なり神道の神官の人が、日本の家庭教育とか環境保護とかで、どれだけ力を出しているかというと、非常にむずかしいですね。

ただ、仏教とか神道とかの考え方は、ほかに対して非常に開かれやすいものを根本的にもっています。その点は非常にいいと思います。また、日本の一般の人も、そういうことをいままであまり意識せずに生きていけたんです。うまいこと生活と一致してましたので。しかしいま、生活が変わったという認識をしないと、日本人は非常に危ないと私は思います。

ピタウ フランチェスコの考え方の中の大きなものの一つに、「兄弟である」というのがあります。いっしょに協力しなければならないということです。そのことが非常に強いです。兄弟として生きなければば貧しい者は生きていけません。ですからこの二つは表裏一体だと思いますね。フランチェスコは男性の団体をつくり、フランチェスコの弟子のクララが女性の団体をつくりましたけれども、一般の信徒の団体★もつくったんです。

河合　そうですね。それはフランチェスコの非常に立派な考え方だと思います。自分は聖職についていると、そうでない者とはずいぶん違うという考え方になりがちだけれど、第三のものをちゃんと……。

ピタウ　そしてそこには規則がありました。最初のころの規則です。その中に非常に興味ある命令と禁令があります。封建領主に対する誓約をしてはいけないという禁令です。当時、戦争がありましたから、誓約をしますと武器を取らなければなりませんでした。そのために、封建領主に従うという約束をしてはいけなかったということです。

★一般の信徒の団体　フランチェスコは、世俗にあっても彼の精神で生きようと願う既婚の男女のために「償いの兄弟・姉妹の会」を作った。会員はフランチェスコの精神に基づき、キリスト者としての信仰の実践を高めるとともに、社会的活動も展開した。この会は後に「聖フランシスコ第三会」、現在は「在世フランシスコ会」と呼ばれている。会員数百万人の国際的組織で、日本の支部にも約七〇〇人の会員がいる。一九七八年、教皇パウロ六世によって在世フランシスコ会の新しい会則が発布された。

もう一つは遺言書を書かなければいけないということです。というのは、死んだあとで自分の子供たちの中で争いが起こらないようにするためです。非常に具体的な掟を出しているというのは、当時としては興味深いですね。

河合　私も読んでいてそう思いました。「武器を取らない」とか、「兄弟はけんかをしない」とかが出てくる。本当に明恵と聖フランチェスコのことを考える場合は、その規則をうんと勉強しなくてはならないと私は思いました。明恵の場合も、集まった者たちのあいだに規則があるんです。明恵の場合は清規《しんぎ》**(⇒コラム⑲)**と言ってますが、非常に細かいことまで書いてます。その時にどういうところに焦点をあてたのか、どう違うのかということまでは、私は勉強してません。けれども、根本の考えとして、そういう生活の具体的なことを押さえながら、

コラム⑲

清規《しんぎ》

元の語義は、清衆の規準の意で、禅宗の寺院生活の規則を指す。日本では禅宗の他に浄土宗、日蓮宗などにも現れた。

高山寺には欅《けやき》づくりの一枚の掛け板が現存している。それは清規であり、その冒頭に「阿留辺幾夜《あるべきや》宇和《うは》」と書かれている。そして「聖教の上に数珠、手袋等の物、之をおくべからず」「口を以て筆をねぶるべからず」などの事細かい日常生活の注意が述べられている。

こうした姿勢が、「こころ」のありようにつながる。「あるべきやうわ」の生き方がある。そこには強い意志の力を要する。単純な「あるがまま」ではない。戒を守ろうとして戒にこだわりすぎると、その本質が忘れられてしまう。さりとて、本質が大切で戒は副次的であると思うと、知らぬ間に堕落が生じる。この逆説をよく承知の上で、あるべきやうは何かという厳しい問いを、自らに課す。こういう生き方を、明恵は重んじたと言える。

大事なことにつながっているというところは、似てるように思いました。

◇貧しさの価値と倫理

河合　なお私がちょっと楽観しているのは、日本人の場合、すごく物が豊かになっているうちに、これは本当の喜びではないということに、気がつきだした人がいることです。だから聖フランチェスコの言う喜び、本当の喜びを、日本人がもういっぺん考え直すのではないかと思っているんです。そちらへ動きだすといいんですけれど。

ピタウ　貧しさを追求したフランチェスコは、具体的な理由をつけています。なぜ物を自分は放棄したかということです。物を持っていると、それを守るために裁判を起こさなければならない。それは争いのもとだというのです。だから捨てるんだと。非常に具体的です。彼について書かれた伝記の中で、そのことが書かれています。

ところで、いまは内的な個人の良心にも声がないですね。全部法律に任せています。そしてけんかばっかりしています。この場合には一番儲かっているのは弁護士ですね。

河合　まったくそのとおりです。日本の場合は宗教家の争いを法律に訴えています。昔はわからない時には神様にお訊きした、このごろは神様が法律家に聞きに来られるなどと、冗談を言っているのですけれども。

ピタウ　いま、薬のことでもなんでもみんな法律です。お医者さんの倫理もありません。そしてすべてはお金でやっています。宗教家たちはそこを考えなければならないですね。ものごとが良心から、あるいは神様から出てこないから、すぐにけんかになります。それで日本でもイタリアでも、主にアメリカでは、全部裁判所にもっていきます。

河合　そしてアメリカの場合は、非常に頭のいい人は弁護士になるんです。頭の優秀さですよ、人間のではなくて。

ピタウ　フランチェスコの次に総長になった人で、ジョバンニ・パレンティという人がおりますが、この人は法律家だったんです。ある時、散歩していましたら、豚を飼っている農夫が囲いの中に豚を追いこんでいたそうです。その時に、ちょっと嘲笑するような言葉で、「早く入りなさい、法律家たちが地獄に行くように行きなさい」と言ったというのです（笑）。彼はそれを聞いて法律家をやめてフランチェスコの弟子になったと言うのです。

ともかく人間関係も家庭の問題も全部法律に依存しています。結婚する前に、ちゃんと契約で、離婚すればどうなるか、そして弁護士はどうこうで、とかが話し合われています。

河合　倫理と絡む大きい問題ですね。日本人の場合は違う文化を受け入れながら個人主義的になろうとしている。その倫理をどうするのかと。そのむずかしさがありますね。しかしまた、自然科学だけで物事ができると思っている人もいるわけです。そういう人はもう宗教から離れます。この人たちも非常にこわいですね。倫理はどこかでなくなっていくわけですから。

しかし、まだヨーロッパでは、カトリックの法王やプロテスタントの方が言われることは、ある程度みんなに届きます。しかし日本で、仏教のお坊さんや神道の神官が何かを言われても、国民に届くことはないでしょう。この問題は非常に深刻だと私は思っているんです。

◇法律に依存した社会

ピタウ　一つ言うならば、目で見える、手で触れられるようなシンボルは、もうなくなってしまっています。そして共同体の一致を表す手本もなくなってしまいました。それゆえ、みんな自分でほとんど最初からその道を歩まなければなりません。以前だったら天皇とか先祖とかイエ（家）とかがあって、しっかりした具体的な手本があったんですね。いま政治にも手本はありません。宗教も寺とか神社だけで、べつに社会に出てくることはありません。ヨーロッパでは、すごく少なくなったかもしれないですが、まだ教会が中心です。土曜日の午後か日曜日は、ローマでも信者の二〇パーセントぐらい行くんです。ある町ではもっと多いんですが。しかしカトリック教会でも、ある国ではもう五パーセントになっています。主に北ヨーロッパですが。

でも無神論者とは言えません。ただ、神がいても自分とは関係がないと、だいたいは考えていますね。解決するのは全部法律です。そしてヨーロッパでもイスラム教、ヒンドゥ教、仏教が多くなるし、一つの宗教のアピールだけではなくなりました。一般社会もできるだけ宗教を前に出しません。法律もできるだけ中立になります。以前だったらだいたい教会で結婚式をやりました。いまはそうではありません。またヨーロッパでは、だんだんホモセクシュアルの結婚も法律で認められるようになってきました。政治も中立になっています。道徳、家庭に関しても、同じ法で定めます。ちょっと寂しいですね。

そしてヨーロッパでは、ある場合にはマイノリティ、少数派を守ります。ある小さい団体があって、私たちは差別されていると主張するとします。すると議会は法律を変え、みんなと同じようにします。そうした場合には、大多数のふつうの人間が守られていないことになります（笑）。ただ、この変わったものだけは大きく守っていきます。いいところもあります。しかしちょっと危ないですね。そしてだいたい少数団体は、頭《こうべ》を高くするんです。デモとか、テレビで。圧力団体ですね。そして裁判所が入って、だいたい人権を主張する団体の人権を守ります。複雑になってきています。政治も本当にむずかしいですね。

◇アッシジに集い、そこから発する

ピタウ　ともかく宗教も本当に考えるべきですね。全世界の宗教が協力して何か打ち出せたらありがたいと思います。家庭、子供、環境、平和などの諸問題に関する宣言とか、アピールを出せたらと思います。

全世界の宗教的なマスコミ機構もあるんですから。そこでみんな同時に出すならば、影響力がないとは言えないと思います。そんなに大きな影響はなくても、少なくともみんな考えるようになるでしょう。「正義と平和委員会」★でそのことも話して、文書にしたら良いでしょうね。

河合　カトリック教会の発言を、日本人はほとんど何も知らない。第二公会議はすごいことだと思っていますけれども、日本人のほとんどは知りませんからね。となると、世界中の宗教人が集まった時に、平和とか正義とかの根本にある、例えば家庭のことをもういっぺんみんな考えませんかとか、そういうことが国際的な機構の中から発言されると、みんな注目すると思うのです。それは非常に大きいことだと思います。

日本の場合は、だれもやらないので、ある程度、国が家庭のことな

★正義と平和委員会
カトリック教会では、教皇庁、各国の司教協議会、各教区および各修道会には「正義と平和委員会」がある。

り、倫理のことなり、みんな考えたらどうですかという恰好でやっている。それゆえ、もっと大きい国際的な宗派を超えた宗教家の集まりの中でそれが言われているとなると、そんなのが新聞などに載りますと、これは大きいと私は思いますよ。

ピタウ　その意味では、アッシジはいいところです。まさに、平和を代表する一つの町ですから。一人の保護聖人がいて、ここは本当にみんな自由に来られるところです。ローマでやったら、たぶんカトリック教会中心主義に傾きましょうが、ここだったら大丈夫ですよ。各宗教の特徴を生かしながら、この世界的な問題を考えていく場として最適です。

河合　そうです。そこで人間の本当の幸福とか喜びを考えてみましょうと。これはすごく大きいことだと私は思います。

（司会）二十一世紀ははじまったばかりですけれども、既に色々な問題が起こりましたし、これからまだまだ問題は出てくると思います。

しかしこの世紀の初めに、アッシジという聖地で、日本の文化庁長官とヴァチカンの教育省の大司教との話し合いがもたれたことは、すばらしい一つの歴史的出来事ではないかと思います。本当にありがとうございました。

対談を終えて

ヨゼフ・ピタウ

二〇〇三年の夏頃、私がまだローマにいて、ヴァチカン教育省次官として仕事をしていたとき、ローマの日本大使館からお電話をいただきました。明恵とアッシジの聖フランチェスコをテーマに、文化庁長官の河合隼雄先生と対談をしませんか、というのです。私は諸宗教間の対話の専門家ではありませんが、おもに二つの理由からお引き受けすることにしました。一つは、アッシジは諸宗教間の対話の象徴となる都市であること、そして二つめは、河合先生にお会いできるのは素晴らしい経験だと思えたからです。

対談は二〇〇三年十月末にアッシジで行われ、たいへん友好的で、実り多いものとなりました。

河合先生が、自ら手本となって、その祈りによって、より親密な宗教間の対話に向けてこれからも努力を続けられることを信じています。

〈附〉聖フランチェスコ（1182–1226）と明恵上人（1173–1232）略年譜

*項目の頭の算用数字は年齢を示す。▼は関連項目。

西暦	聖フランチェスコ	明恵上人
一一七三		0正月八日、紀州有田郡石垣荘吉原に誕生。▼同年、親鸞生まれる。
一一八〇		7正月、母死す。九月、父平重国、上総にて敗死。
一一八一		8母方叔父上覚を頼って神護寺に入山。▼同年、平清盛没。
一一八二	0アッシジに誕生。	
一一八四		11神護寺出奔を夢告にて思い留まる。▼一月、源義経入京、木曽義仲敗死。
一一八五		12捨身を試みる。▼三月、壇ノ浦合戦、平氏滅亡。
一一八八		15上覚について出家。
一一九〇		17『遺教経』に接し、釈迦の遺子たるを自覚。
一一九一		18仏眼法を修す。『夢記』を書き始める。▼同年、栄西、臨済禅を伝える。
一一九二		19▼源頼朝、鎌倉に幕府を開く。
一一九三	11▼クララ誕生。	

一一九五		22秋、神護寺を出て紀州原の白上の峰に籠る。
一一九六		23白上で右耳切断、文殊菩薩の示現にあずかる。
一一九八	16▼インノセント三世、教皇となる。▼アッシジの城塞破壊される。	25八月、高雄に戻り、秋、再び白上へ帰り、筏立に移る。▼同年、法然『撰択本願念仏集』、栄西『興禅護国論』成る。
一一九九	17▼アッシジ・ペルージア戦争。（〜〇五）	
一二〇二	20戦闘に加わるが捕虜となる。	29天竺行を計画。
一二〇三	21解放され自由の身となる。	30正月、春日明神の神託により天竺行を中止。▼九月、源実朝、将軍に。
一二〇四	22病床に伏す。（〜〇五）	
一二〇五	23プーリアでの戦闘に向かう途中、スポレートで不思議な声を聞き、アッシジに戻る。	32再び天竺行を計画するも中止。
一二〇六	24新しい生活を始める。父との断絶。三つの教会の修復。（〜〇八）	33十一月、後鳥羽院より高山寺の地を賜う。
一二〇七		34秋、院宣により東大寺尊勝院の学頭となる。▼二月、法然・親鸞配流。
一二〇八	26ポルチウンクラでのミサで、聖書の言葉に霊感を受ける。同年、最初の弟子（ベルナルド、ピエトロ、エジディオ）が加わる。	

一二一〇	28教皇インノセント三世から、提出した会則の認可と修道会創立の許可を受ける。	
一二一二	30シリアへ船出するが、難破で不成功に終わる。▼クララ、髪をおろし、修道生活を始める。	39十一月、『摧邪輪』を著す。▼正月、法然没。鴨長明『方丈記』成る。
一二一五	33▼第四ラテラノ公会議。	
一二一六	34▼インノセント三世死去。ホノリオ三世、教皇となる。	43十月、石水院を建立。
一二一七	35小さき兄弟会の組織化が行われる。会員がヨーロッパ各地に送られるが、失敗に終わる。	
一二一九	37十字軍とイスラムとの戦闘が続くエジプトへ出かけ、スルタンと友情を結ぶ。	46秋、高山寺金堂落成。▼正月、実朝暗殺され、源氏滅亡。
一二二〇		47七月より仏光観を修す。九月、『華厳修禅観照入解脱門義』成る。
一二二一	39償いの兄弟・姉妹の会を創立する。	48六波羅探題北条泰時に対面。▼五月、承久の乱起こる。
一二二三	41教皇ホノリオ三世に会則の認可を得る。同年、グレッチオでクリスマスを祝う。	50善妙尼寺を建て、朝廷方貴族の子女を収容。▼同年、道元入宋。
一二二四	42ラ・ヴェルナ山で、キリストの五つの傷（聖痕）を受ける。同年、「太陽の歌」を詠む。	51冬、楞伽山に籠り坐禅入観につとめる。▼親鸞『教行信証』成る。

一二二六	44 十月三日、ポルチウンクラで逝去。十月四日、聖ジョルジョ教会に埋葬される。	
一二二七	▼フゴリノ枢機卿、教皇（グレゴリオ九世）となる。	54『光明真言加持土沙義』を著わす。▼道元帰国、曹洞宗をひらく。
一二二八	▽フランチェスコ、聖者の列に加えられる。	
一二三〇	聖フランシスコ大聖堂建立、サクロ・コンヴェント建設。フランチェスコの遺骸、聖フランシスコ大聖堂に移される。	57 二月より「不食の病」をわずらう。
一二三一		58 十月、前年来の病状悪化。
一二三二		59 正月十九日、逝去。
一二五三		▼道元没す。日蓮、鎌倉で布教を開始。
一二六二		▼親鸞没す。
一二七九		▼一遍、踊り念仏開始。

聖フランチェスコ大聖堂で「明恵」を舞う
――聖地アッシジでの公演の後に――

西川千麗

イタリアのアッシジは、聖フランチェスコ教会の町として知られる。その大聖堂で二〇〇三年十月下旬、明恵上人を主題にした創作舞踊「阿留辺幾夜宇和《あるべきようは》」を舞うことができた。明恵と聖フランチェスコ。似たところの実に多い東西の聖人ゆかりの聖フランチェスコ教会と京都の高山寺は、世界で初めての異宗教間の兄弟教会（ブラザー・チャーチ）である。これまで音楽以外に舞台芸術の公演は許されなかったが、今回、画期的な試みを許可された教会のご理解に感謝しつつ、私自身は明恵上人の遺訓の「阿留辺幾夜宇和」、つまり

Photo by Ichige Minoru

「僧は僧のあるべきように、武士は武士のあるべきように」、創作舞踊家のあるべきように生きてきたことの幸せを、かみしめている。

河合隼雄先生との出会いから

事の始まりは十四年前、河合隼雄先生の著書『明恵　夢を生きる』との出合いである。読後の深い感動が、叔母の死に立ち会う経験もあってイメージをふくらませ、「阿留辺幾夜宇和」ができた。

一九九二年に京都で初演したとき、河合先生は「ぜひヨーロッパ、特にスイスで公演できたら良いなあ」とおっしゃった。『夢記《ゆめのき》』という高度な夢分析をのこした明恵は、心理学者ユングを出した国で理解されるだろうというご趣旨だった。私は「夢のようなお話です」と答えた。明恵と聖フランチェスコのことも先生に教えていただいた。

アッシジでできるかもしれないと思ったのは、二〇〇二年の七月。国連の依頼で、平和運動のビデオのために天河の能舞台でアメリカ人の歌手スーザン・オズボーンさんの歌で舞ったときだ。彼女に「アッシジでやりたい」という思いを述べたら、「十六年前に歌った

Photo by Ichige Minoru

ことがある」という。当時のツテは切れていたが、可能性はあると思い、現地に行ってミッチー神父を説得したのが始まりだった。

ドイツ、スイスでも好評

今回の海外公演は三カ国で行った。まずアッシジが二〇〇三年十月二十六、二十七の両日。公演の間に河合先生が「聖フランチェスコと明恵上人」と題して講演された。先生は「千麗さんの踊りは、カトリックと仏教の対話そのものだ」といってくださった。いずれも満員の盛況だった。十月三十日がドイツのダルムシュタットの州立劇場、十一月一、二両日が河合先生の望まれていたスイス、チューリヒにある州立演劇大学の劇場であった。

ドイツ公演では『フランクフルター・アルゲマイネ・ツァイトゥンク』紙が好意的な反響を載せてくれた。地元紙にもよい記事が書かれた。同劇場のウンベルク芸術監督は「西洋の演劇がすでに失ってしまったような集中があり、これを体験できたのは非常に有意義であった」と称賛された。

スイス公演は二〇〇一年に当時の国松孝次大使にチューリヒ大学のクロッペンシュタイ

ン教授夫妻を紹介され、チューリヒ民族博物館のブラウエン博士の招聘状をいただくなど、多くの方々のご協力で実現にこぎつけた。二〇〇二年には「鳥の歌」をユング研究所で舞ったこともあり、万全の体制で臨むことができた。

『阿留辺幾夜宇和』は①私の夢、②明恵の夢と生死、③私の夢——の三部構成である。ただアッシジでは、最初の「私の夢」のかわりに、どうしても聖フランチェスコに捧げる舞にしたいと思った。

賛美歌を参考に創作

公演の一カ月前に、伝記から「太陽の歌」をみつけた。この賛美歌の譜面は、コンベンツアル聖フランチェスコ修道会の野下千年神父や園田善昭神父のおかげで入手できた。切迫したなかで創作したが、必然性のあるものは、すらすらできあがるものだ。

帰国後の十二月六日には京都の国際日本文化研究センターで、私の体験をふまえ、「宇宙と日本舞踊」と題した舞と対談の公開セミナーが開かれ、多くの方々に関心を持っていただくことができた。また、二〇〇四年四月二十七日には東京・青松寺にて、「阿留辺幾夜宇

和　ヨーロッパ公演を終えて」として、「鳥の歌」の舞を披露するとともに、河合隼雄先生から「聖フランチェスコと明恵」と題した講演をいただき、宗教を超えた対話を、日本側でも実現することができた。

数えの六つの六月六日からお稽古を始めたが、プロになって、日本舞踊は何の役に立つのだろうという疑問に取り付かれた。そのとき上村松園先生の本に出合い、舞踊も絵と同じで人の心のため、人は体と心でひとつ、見えるものと見えないものとでひとつ、見えないものへの働きかけが仕事だ、と教えられた。

そのためには自分の感動を舞う創作舞踊をしたいと思った。海外公演も二〇〇〇年のポーランドを皮切りに四回を数え、「あるべきようは」この道だと実感している。

（初出『日本経済新聞』二〇〇三年十一月二十七日に加筆修正）

Photo by Ichige Minoru

ヨゼフ・ピタウ（Joseph Pittau）

一九二八年イタリア・サルディニア生。一九四五年イエズス会入会。スペイン・バルセロナ大学で政治学、上智大学で神学を修める。政治学博士（ハーヴァード大学）。一九六四年に再来日後、上智大学教授、理事長、学長などを歴任。八一年に離日後は、グレゴリアーナ大学学長などの要職を経て、八八年サンピエトロ大聖堂でローマ法王ヨハネ・パウロ二世より大司教に叙階され、ヴァチカンの教育省次官となる。二〇〇三年十二月、定年と共に職を退き、二〇〇四～〇五年、カトリック大船教会協力司祭を務める。

河合隼雄（かわい・はやお）

一九二八年兵庫県生。臨床心理学者。京都大学名誉教授、教育学博士（京都大学）。二〇〇二年より文化庁長官。スイス・ユング研究所で日本人として初めてユング派分析家の資格を取得。日本におけるユング分析心理学の理解と実践に貢献。一九九五年紫綬褒章受賞、二〇〇〇年文化功労賞。二〇〇七年逝去。著書に『明恵　夢を生きる』（一九八八年、新潮学芸賞）の他、『昔話と日本人の心』（一九八二年、大佛次郎賞）、『中空構造日本の深層』『ナバホへの旅』『神話と日本人の心』など多数。

聖地《せいち》アッシジの対話《たいわ》　聖《せい》フランチェスコと明恵上人《みょうえしょうにん》

2005年２月28日　初版第１刷発行©
2013年３月30日　初版第３刷発行

著　者　河合隼雄
ヨゼフ・ピタウ

発行者　藤原良雄

発行所　株式会社 藤原書店

〒162-0041　東京都新宿区早稲田鶴巻町523

TEL　03（5272）0301
FAX　03（5272）0450
振替　00160-4-17013

印刷・製本　中央精版印刷

落丁本・乱丁本はお取り替えします
定価はカバーに表示してあります

Printed in Japan
ISBN978-4-89434-434-1

総合科学としての歴史学を確立した最高の歴史家

フェルナン・ブローデル（1902-85）

ヨーロッパ、アジア、アフリカを包括する文明の総体としての「地中海世界」を、自然環境・社会現象・変転きわまりない政治という三層を複合させ、微視的かつ巨視的に描ききった20世紀歴史学の金字塔『地中海』を著した「アナール派」の総帥。

国民国家概念にとらわれる一国史的発想と西洋中心史観を“ひとりの歴史家”としてのりこえただけでなく、斬新な研究機関「社会科学高等研究院第六セクション」「人間科学館」の設立・運営をとおし、人文社会科学を総合する研究者集団の《帝国》を築きあげた不世出の巨人。

20世紀最高の歴史家が遺した全テクストの一大集成

LES ÉCRITS DE FERNAND BRAUDEL

ブローデル歴史集成（全三巻）

浜名優美監訳

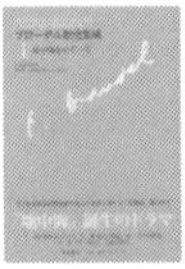

第Ⅰ巻 地中海をめぐって *Autour de la Méditerranée*

初期の論文・書評などで構成。北アフリカ、スペイン、そしてイタリアと地中海をめぐる諸篇。（坂本佳子・高塚浩由樹・山上浩嗣訳）

A5上製 736頁 **9500円**（2004年1月刊）◇978-4-89434-372-6

第Ⅱ巻 歴史学の野心 *Les Ambitions de l'Histoire*

第二次大戦中から晩年にいたるまでの理論的著作で構成。『地中海』『物質文明・経済・資本主義』『フランスのアイデンティティ』へと連なる流れをなす論考群。

（尾河直哉・北垣潔・坂本佳子・友谷知己・平澤勝行・真野倫平・山上浩嗣訳）

A5上製 656頁 **5800円**（2005年5月刊）◇978-4-89434-454-9

第Ⅲ巻 日常の歴史 *L'Histoire au quotidien*

ブラジル体験、学問世界との関係、編集長としての『アナール』とのかかわり、コレージュ・ド・フランスにおける講義などの体験が生み出した多様なテクスト群。［附］ブローデル著作一覧

（井上櫻子・北垣潔・平澤勝行・真野倫平・山上浩嗣訳）

A5上製 784頁 **9500円**（2007年9月刊）◇978-4-89434-593-5

今世紀最高の歴史家、不朽の名著の決定版

地中海〈普及版〉

LA MÉDITERRANÉE ET LE MONDE MÉDITERRANÉEN À L'ÉPOQUE DE PHILIPPE II
Fernand BRAUDEL

フェルナン・ブローデル　浜名優美訳

国民国家概念にとらわれる一国史的発想と西洋中心史観を無効にし、世界史と地域研究のパラダイムを転換した、人文社会科学の金字塔。近代世界システムの誕生期を活写した『地中海』から浮かび上がる次なる世界システムへの転換期＝現代世界の真の姿！

●第 32 回日本翻訳文化賞、第 31 回日本翻訳出版文化賞

大活字で読みやすい決定版。各巻末に、第一線の社会科学者たちによる「『地中海』と私」、訳者による「気になる言葉——翻訳ノート」を付し、〈藤原セレクション〉版では割愛された索引、原資料などの付録も完全収録。　　全五分冊　菊並製　**各巻 3800 円　計 19000 円**

I　環境の役割　656 頁（2004 年 1 月刊）◇978-4-89434-373-3
・付 「『地中海』と私」　L・フェーヴル／I・ウォーラーステイン／山内昌之／石井米雄

II　集団の運命と全体の動き　1　520 頁（2004 年 2 月刊）◇978-4-89434-377-1
・付 「『地中海』と私」　黒田壽郎／川田順造

III　集団の運命と全体の動き　2　448 頁（2004 年 3 月刊）◇978-4-89434-379-5
・付 「『地中海』と私」　網野善彦／榊原英資

IV　出来事、政治、人間　1　504 頁（2004 年 4 月刊）◇978-4-89434-387-0
・付 「『地中海』と私」　中西輝政／川勝平太

V　出来事、政治、人間　2　488 頁（2004 年 5 月刊）◇978-4-89434-392-4
・付 「『地中海』と私」　ブローデル夫人
原資料（手稿資料／地図資料／印刷された資料／図版一覧／写真版一覧）
索引（人名・地名／事項）

〈藤原セレクション〉版（全 10 巻）　（1999 年 1 月～ 11 月刊）Ｂ６変並製

① 192 頁	1200 円	◇978-4-89434-119-7
② 256 頁	1800 円	◇978-4-89434-120-3
③ 240 頁	1800 円	◇978-4-89434-122-7
④ 296 頁	1800 円	◇978-4-89434-126-5
⑤ 242 頁	1800 円	◇978-4-89434-133-3
⑥ 192 頁	1800 円	◇978-4-89434-136-4
⑦ 240 頁	1800 円	◇978-4-89434-139-5
⑧ 256 頁	1800 円	◇978-4-89434-142-5
⑨ 256 頁	1800 円	◇978-4-89434-147-0
⑩ 240 頁	1800 円	◇978-4-89434-150-0

ハードカバー版（全５分冊）　Ａ５上製

I	環境の役割		600 頁	**8600 円**	（1991 年 11 月刊）	◇978-4-938661-37-3
II	集団の運命と全体の動き 1		480 頁	**6800 円**	（1992 年 6 月刊）	◇978-4-938661-51-9
III	集団の運命と全体の動き 2		416 頁	**6700 円**	（1993 年 10 月刊）	◇978-4-938661-80-9
IV	出来事、政治、人間 1	品切	456 頁	**6800 円**	（1994 年 6 月刊）	◇978-4-938661-95-3
V	出来事、政治、人間 2		456 頁	**6800 円**	（1995 年 3 月刊）	◇978-4-89434-011-4

※ハードカバー版、〈藤原セレクション〉版各巻の在庫は、小社営業部までお問い合わせ下さい。

VI 魂《こころ》の巻——水俣・アニミズム・エコロジー　　**解説・中村桂子**

Minamata : An Approach to Animism and Ecology

四六上製　544 頁　**4800 円**（1998 年 2 月刊）◇978-4-89434-094-7

水俣の衝撃が導いたアニミズムの世界観が、地域・種・性・世代を越えた共生の道を開く。最先端科学とアニミズムが手を結ぶ、鶴見思想の核心。

月報　**石牟礼道子　土本典昭　羽田澄子　清成忠男**

VII 華の巻——わが生き相《すがた》　　**解説・岡部伊都子**

Autobiographical Sketches

四六上製　528 頁　**6800 円**（1998 年 11 月刊）◇978-4-89434-114-2

きもの、おどり、短歌などの「道楽」が、生の根源で「学問」と結びつき、人生の最終局面で驚くべき開花をみせる。

月報　**西川潤　西山松之助　三輪公忠　高坂制立　林佳恵　C・F・ミュラー**

VIII 歌の巻——「虹」から「回生」へ　　**解説・佐佐木幸綱**

Collected Poems

四六上製　408 頁　**4800 円**　（1997 年 10 月刊）◇978-4-89434-082-4

脳出血で倒れた夜、歌が迸り出た——自然と人間、死者と生者の境界線上にたち、新たに思想的飛躍を遂げた著者の全てが凝縮された珠玉の短歌集。

月報　**大岡信　谷川健一　永畑道子　上田敏**

IX 環の巻——内発的発展論によるパラダイム転換　　**解説・川勝平太**

A Theory of Endogenous Development : Toward a Paradigm Change for the Future

四六上製　592 頁　**6800 円**（1999 年 1 月刊）◇978-4-89434-121-0

学問的到達点「内発的発展論」と、南方熊楠の画期的読解による「南方曼陀羅」論とが遂に結合、「パラダイム転換」を目指す著者の全体像を描く。

〔附〕　年譜　全著作目録　総索引

月報　**朱通華　平松守彦　石黒ひで　川田侃　綿貫礼子　鶴見俊輔**

人間・鶴見和子の魅力に迫る

鶴見和子の世界

R・P・ドーア、石牟礼道子、河合隼雄、中村桂子、鶴見俊輔ほか

学問／道楽の壁を超え、国内はおろか国際的舞台でも出会う人すべてを魅了してきた鶴見和子の魅力とは何か。国内外の著名人六十三人がその謎を描き出す珠玉の鶴見和子論。〈主な執筆者〉**赤坂憲雄、宮田登、川勝平太、堤清二、大岡信、澤地久枝、道浦母都子ほか。**

四六上製函入　三六八頁　**三八〇〇円**

（一九九九年一〇月刊）

◇978-4-89434-152-4

鶴見俊輔による初の姉和子論

鶴見和子を語る

〔長女の社会学〕

鶴見俊輔・金子兜太・佐佐木幸綱　黒田杏子編

社会学者として未来を見据え、〝道楽者〟としてきものやおどりを楽しみ、〝生活者〟としてすぐれたもてなしの術を愉しみ……そして斃れてからは「短歌」を支えに新たな地平を歩みえた鶴見和子は、稀有な人生のかたちを自らどのように切り拓いていったのか。

四六上製　二三二頁　**二二〇〇円**

（二〇〇八年七月刊）

◇978-4-89434-643-7

“何ものも排除せず” という新しい社会変革の思想の誕生

コレクション

鶴見和子曼荼羅（全九巻）

四六上製　平均 550 頁　各巻口絵 2 頁　**計 51,200 円**

〔推薦〕R・P・ドーア　河合隼雄　石牟礼道子　加藤シヅエ　費孝通

南方熊楠、柳田国男などの巨大な思想家を社会科学の視点から縦横に読み解き、日本の伝統に深く根ざしつつ地球全体を視野に収めた思想を開花させた鶴見和子の世界を、〈曼荼羅〉として再編成。人間と自然、日本と世界、生者と死者、女と男などの臨界点を見据えながら、思想的領野を拡げつづける著者の全貌に初めて肉薄、「著作集」の概念を超えた画期的な著作集成。

I　基の巻——鶴見和子の仕事・入門　**解説・武者小路公秀**

The Works of Tsurumi Kazuko : A Guidance

四六上製　576 頁　**4800 円**（1997 年 10 月刊）◇978-4-89434-081-7

近代化の袋小路を脱し、いかに「日本を開く」か？　日・米・中の比較から内発的発展論に至る鶴見思想の立脚点とその射程を、原点から照射する。

月報　**柳瀬睦男　加賀乙彦　大石芳野　宇野重昭**

II　人の巻——日本人のライフ・ヒストリー　**解説・澤地久枝**

Life History of the Japanese : in Japan and Abroad

四六上製　672 頁　**6800 円**（1998 年 9 月刊）◇978-4-89434-109-8

敗戦後の生活記録運動への参加や、日系カナダ移民村のフィールドワークを通じて、敗戦前後の日本人の変化を、個人の生きた軌跡の中に見出す力作論考集！

月報　**R・P・ドーア　澤井余志郎　広渡常敏　中野卓　槌田敦　柳治郎**

III　知の巻——社会変動と個人　**解説・見田宗介**

Social Change and the Individual

四六上製　624 頁　**6800 円**（1998 年 7 月刊）◇978-4-89434-107-4

若き日に学んだプラグマティズムを出発点に、個人／社会の緊張関係を切り口としながら、日本社会と日本人の本質に迫る貴重な論考群を、初めて一巻に集成。

月報　**M・J・リーヴィ・Jr　中根千枝　出島二郎　森岡清美　綿引まさ　上野千鶴子**

IV　土の巻——柳田国男論　**解説・赤坂憲雄**

Essays on Yanagita Kunio

四六上製　512 頁　**4800 円**（1998 年 5 月刊）◇978-4-89434-102-9

日本民俗学の祖・柳田国男を、近代化論やプラグマティズムなどとの格闘の中から、独自の「内発的発展論」へと飛躍させた著者の思考の軌跡を描く会心作。

月報　**R・A・モース　山田慶兒　小林トミ　櫻井徳太郎**

V　水の巻——南方熊楠のコスモロジー　**解説・宮田　登**

Essays on Minakata Kumagusu

四六上製　544 頁　**4800 円**（1998 年 1 月刊）◇978-4-89434-090-9

民俗学を超えた巨人・南方熊楠を初めて本格研究した名著『南方熊楠』を再編成、以後の読解の深化を示す最新論文を収めた著者の思想的到達点。

月報　**上田正昭　多田道太郎　高野悦子　松居竜五**

強者の論理を超える

曼荼羅の思想

頼富本宏＋鶴見和子

体系なき混沌とされてきた南方熊楠の思想を「曼荼羅」として読み解いた社会学者・鶴見和子と、密教学の第一人者・頼富本宏が、数の論理、力の論理が支配する現代社会の中で、異なるものが異なるままに共に生きる「曼荼羅の思想」の可能性に向け徹底討論。

B6変上製　二〇〇頁　二二〇〇円　**カラー口絵四頁**
（二〇〇五年七月刊）
◇978-4-89434-463-1

最新かつ最高の南方熊楠論

南方熊楠・萃点の思想

（未来のパラダイム転換に向けて）

鶴見和子　編集協力＝松居竜五

「内発性」と「脱中心性」との両立を追究する著者が、「南方曼陀羅」と自らの「内発的発展論」とを格闘させるために、熊楠思想の深奥から汲み出したエッセンスを凝縮。気鋭の研究者・松居竜五との対談を収録。

A5上製　一九二頁　**二八〇〇円**
（二〇〇一年五月刊）
◇978-4-89434-231-6

新発見の最重要書翰群、ついに公刊

高山寺蔵 南方熊楠書翰

（土宜法龍宛　1893–1922）

奥山直司・雲藤等・神田英昭編

二〇〇四年栂尾山高山寺で新発見され、大きな話題を呼んだ書翰全四三通を完全に翻刻。熊楠が最も信頼していた高僧・土宜法龍に宛てられ、「南方曼陀羅」を始めとするその思想の核心に関わる新情報を、劇的に増大させた最重要書翰群の全体像。

A5上製　三七六頁　**八八〇〇円**　**口絵四頁**
（二〇一〇年三月刊）
◇978-4-89434-735-9

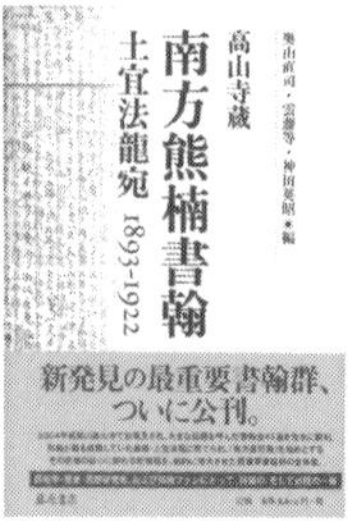

「人生の達人」と「障害の鉄人」、初めて出会う

米寿快談

（俳句・短歌・いのち）

金子兜太＋鶴見和子
編集協力＝黒田杏子

反骨を貫いてきた戦後俳句界の巨星、金子兜太。脳出血で斃れてのち、短歌で思想を切り拓いてきた鶴見和子。米寿を前に初めて出会った二人が、定型詩の世界に自由闊達に遊び、語らう中で、いつしか生きることの色艶がにじみだす、円熟の対話。

四六上製　二九六頁　**二八〇〇円**　**口絵八頁**
（二〇〇六年五月刊）
◇978-4-89434-514-0